T0209804

essentials

essentials liefern aktuelles Wissen in konzentrierter Form. Die Essenz dessen, worauf es als „State-of-the-Art" in der gegenwärtigen Fachdiskussion oder in der Praxis ankommt. *essentials* informieren schnell, unkompliziert und verständlich

- als Einführung in ein aktuelles Thema aus Ihrem Fachgebiet
- als Einstieg in ein für Sie noch unbekanntes Themenfeld
- als Einblick, um zum Thema mitreden zu können

Die Bücher in elektronischer und gedruckter Form bringen das Expertenwissen von Springer-Fachautoren kompakt zur Darstellung. Sie sind besonders für die Nutzung als eBook auf Tablet-PCs, eBook-Readern und Smartphones geeignet. essentials: Wissensbausteine aus den Wirtschafts-, Sozial- und Geisteswissenschaften, aus Technik und Naturwissenschaften sowie aus Medizin, Psychologie und Gesundheitsberufen. Von renommierten Autoren aller Springer-Verlagsmarken.

Weitere Bände in der Reihe http://www.springer.com/series/13088

Urs Alter · Werner Inderbitzin

Führung an Hochschulen in Konfliktsituationen

Ein Leitfaden zur Konfliktprävention und Krisenintervention für die Praxis

 Springer

Urs Alter
Zürich, Schweiz

Werner Inderbitzin
Meilen, Schweiz

ISSN 2197-6708   ISSN 2197-6716   (electronic)
essentials
ISBN 978-3-658-28527-2   ISBN 978-3-658-28528-9   (eBook)
https://doi.org/10.1007/978-3-658-28528-9

Die Deutsche Nationalbibliothek verzeichnet diese Publikation in der Deutschen Nationalbibliografie; detaillierte bibliografische Daten sind im Internet über http://dnb.d-nb.de abrufbar.

Springer ist ein Imprint der eingetragenen Gesellschaft Springer Fachmedien Wiesbaden GmbH und ist ein Teil von Springer Nature.
Die Anschrift der Gesellschaft ist: Abraham-Lincoln-Str. 46, 65189 Wiesbaden, Germany

Was Sie in diesem *essential* finden können

- Einen praxisorientierten Leitfaden für das Führungsverhalten beim Umgang mit Konflikten in Hochschulen
- Einen schnellen Zugang zu organisatorischen und strukturellen Maßnahmen für Konfliktprävention und Konfliktmanagement
- Hinweise zum Umsetzen von Leadership als Konfliktprävention
- Praktische Anweisungen zum Umgang mit besonders schwierigen Konfliktbereichen
- Wichtige Regeln für die Gesprächsführung in Konfliktsituationen und die Kommunikation mit der Öffentlichkeit

Vorwort

Konflikte in Organisationen sind alltäglich. Dies gilt auch für Hochschulen. Zahlreiche Rückmeldungen auf das Springer-*essential* „Führung an Hochschulen aktiv gestalten" Inderbitzin (2018) zeigten, dass dieser Aspekt der Hochschulführung als besonders anspruchsvoll und schwierig wahrgenommen wird. Dies dürfte einerseits mit den Besonderheiten des Konfliktumfelds zu tun haben, das Hochschulen von Unternehmen unterscheidet, anderseits geraten Hochschulen bei Konflikten sofort in den Fokus der Öffentlichkeit, wie jüngste Beispiele zeigen, und riskieren einen Reputationsschaden. In der breit vorhandenen Konfliktliteratur findet sich nur wenig zum Umgang mit Konflikten in der Hochschulkultur.

Der vorliegende Text ist nicht das Ergebnis von wissenschaftlichen Untersuchungen. Er ist geschrieben auf dem Hintergrund von Erfahrungen, welche die Autoren in ihrer Praxis in Führungspositionen und als Coach machen konnten oder nahe miterlebt haben. Die verarbeiteten Überlegungen haben ihre Basis in konkreten Fällen und sind teilweise auch Einsichten, die sich aus eigenen Fehlern ergeben haben. Alle in diesem *essential* geäußerten Überlegungen und Reflektionen sind geschrieben für Personen, die an Hochschulen oder vergleichbaren Institutionen in der Führungsverantwortung stehen und sich dadurch immer wieder mit Konflikten befassen müssen.

Zürich
im Herbst 2019

Urs Alter
Werner Inderbitzin

Inhaltsverzeichnis

Die Besonderheiten des Konfliktumfelds Hochschule

„Gelehrte zu dirigieren ist nicht viel besser, als eine Komödiantentruppe unter sich zu haben."
(Wilhelm von Humboldt, 1808 in einem Brief an seine Frau Caroline)

Hochschulen sind eingebunden in einen vielschichtigen Rahmen aus gesetzlichen, politischen und ökonomischen Bedingungen, und sie werden gestaltet und geführt von Menschen, die in wissenschaftlichen Kontexten sozialisiert wurden. Zu diesen grundlegenden Besonderheiten der Führung von und an Hochschulen gibt es mittlerweile eine große Literatur und zahlreiche empirische Untersuchungen und Reflexionen[1], welche hochschulspezifische Herausforderungen sowie entsprechendes Theorie- und Handlungswissen herausarbeiten. So müssen Hochschulen heute ihre Aufgabe in einem zunehmend komplexeren Beziehungsgeflecht verschiedenster Stakeholder und miteinander konkurrierenden Regulativen erfüllen. Hochschulautonomie und eine eigene Hochschulverfassung schützen nicht immer vor politisch motivierten Regulierungen und Eingriffen in innere Abläufe der Hochschule. Ressourcenzuteilungen und die Umsetzung von Strukturreformen (z. B. Bologna-System) können in Konflikt geraten mit der Unabhängigkeit von Lehre und Forschung. Die garantierten Mitwirkungsrechte der Professorenschaft kann mit den Führungsansprüchen des Präsidiums und des

---

[1]Stellvertretend für eine reichhaltige Literatur seien genannt: Loprieno (2016), Mac Caffrey (2010), Pellert (1999), Mäder und Stäuble (2018), Truniger (2017), Inderbitzin (2019), Wilkesman und Schmid (2012). In den vergangenen Jahren sind im oder durch Vermittlung des CHE Centrum für Hochschulentwicklung (www.che.de) zahlreiche einschlägige Studien erschienen.

© Springer Fachmedien Wiesbaden GmbH, ein Teil von Springer Nature 2020
U. Alter und W. Inderbitzin, *Führung an Hochschulen in Konfliktsituationen*, essentials, https://doi.org/10.1007/978-3-658-28528-9_1

Rektorats kollidieren. Und schließlich sind es auch Studierende, die Ansprüche geltend machen und Rechte einfordern (z. B. Mitwirkung bei Berufungen, angemessene Betreuung im Doktorandenstudium). Diese Besonderheiten schaffen eine „Konfliktlandschaft Hochschule" (Knobloch 2012), die Nährboden für vielfältige Meinungsverschiedenheiten ist.

Konflikte[2] zwischen Personen oder Gruppen von Personen gehören in privatwirtschaftlichen und öffentlich-rechtlichen Organisationen zum Führungsalltag. Zur Entstehung und Dynamik von Konflikten, zu Konfliktprävention und Konfliktmanagement in Organisationen ist denn auch viel publiziert worden. Zu Konflikten in Hochschulen finden sich hingegen nur wenige Untersuchungen und Reflexionen. Diese beschreiben die oben angesprochenen hochschulspezifischen Konflikttreiber und das Konfliktumfeld[3] und die Praxis des Konfliktmanagements. Unbestritten ist, dass Konflikte im Sinne von Meinungsverschiedenheiten, die in konstruktiven Diskursen ausgetragen werden, der Entwicklung einer Organisation durchaus förderlich sind. Das gilt auch und besonders für Konflikte in Hochschulen, die in ihrer wissenschaftlichen Arbeitsweise stark geprägt sind von einem permanenten Diskurs über Thesen und Antithesen, letztlich immer mit dem Ziel der Wahrheitsfindung.

> ▶ Führung hat so gesehen nicht die Aufgabe, Konflikte per se zu ver-
>   hindern. Vielmehr gilt es, Eskalationen zu steuern und zu vermeiden,
>   dass die Hochschule und beteiligte Personen Schaden nehmen.

Die Lust am Diskurs ist aber für die Leitung einer Hochschule und die Führungskräfte in den Fakultäten, Instituten etc. eine besondere Herausforderung, vor allem wenn sich die Auseinandersetzungen um geltende Regeln und Weisungen der Hochschule oder getroffene Entscheidungen der Hochschulleitung drehen. Die Neigung des Hochschulpersonals, geltende Regeln zu hinterfragen, die eigene Beurteilung eines Sachverhaltes als alleinige Richtschnur des persönlichen Verhaltens zu betrachten und diese auch öffentlich – intern oder extern – laut und deutlich zu äußern, ist ein Nährboden für eskalierende Konflikte und Krisensituationen (vgl. dazu Kap. 5). Hochschulen unterscheiden sich auch in dieser Hinsicht stark

---

[2]Wir definieren Konflikt als eine Spannungssituation zwischen zwei oder mehreren Personen, deren Ziele und Handlungspläne unvereinbar sind und die sich der Gegnerschaft bewusst sind.

[3]Z. B. Hoormann und Matheis (2014), Hochmuth (2014), Walpuski und Jessen (2012), Knobloch (2012).

von privatwirtschaftlichen Unternehmen. Darüber hinaus ist zu beachten, dass an Hochschulen Führungsautorität nie allein durch die Hierarchiestufe begründet werden kann. Vielmehr ist immer eine sachlich-inhaltliche Argumentation notwendig, um Entscheidungen, Regeln und Richtungen durchzusetzen.

Konflikte in Hochschulen werden in der Öffentlichkeit sensibler wahrgenommen, als vergleichbare Auseinandersetzungen in Privatunternehmen. Streitereien in Hochschulen sind oft getrieben von zahlreichen, sich widersprechenden Äußerungen einzelner Repräsentanten, die von den Medien gerne aufgenommen und mit verkürzten Schlagzeilen verbreitet werden – sehr zum Nachteil und Schaden der Reputation der Institution Hochschule[4].

In diesem *essential* gehen die Autoren davon aus, dass wirkungsvolles Konfliktmanagement (inkl. Konfliktprävention) zum einen Teil aus organisatorischen und strukturellen Maßnahmen besteht (Kap. 2). Zum anderen Teil ist Konfliktsteuerung und Konfliktprävention aber vor allem und in hohem Maße eine Führungsaufgabe. Kap. 3 befasst sich anhand von drei typischen Konfliktfeldern mit der Frage, welche Anforderungen an Leadership gestellt werden, um an Hochschulen konstruktiv und lösungsorientiert mit Meinungsverschiedenheiten umgehen zu können und eskalierende Konflikte zu vermeiden. Im Kap. 4 werden besonders konfliktträchtige Bereiche in der personellen Führung an Hochschulen dargelegt. Kap. 5 schließlich befasst sich mit der Kommunikation in Konfliktsituationen.

---

[4]Beispiele aus der jüngsten Vergangenheit mit großer Aufmerksamkeit in der medialen Öffentlichkeit betreffen Entlassungen von Mitarbeitenden, sexuelle Belästigungen, Datenfälschungen, Sponsoring.

Konfliktprävention und -management durch strukturelle Maßnahmen

2

2.1 Grundlagen und heutige Praxis

Hochschulen unterscheiden sich – wie dargelegt – in ihrer Komplexität und dem dadurch geprägten Konfliktumfeld von Wirtschaftsunternehmen und anderen Organisationen der öffentlichen Verwaltung[1]. Das Verständnis für diese Unterschiede ist wichtig für wirkungsvolle Konfliktprävention und erfolgreiches Konfliktmanagement. Gleichzeitig haben Hochschulen aber auch Gemeinsamkeiten mit anderen Unternehmen/Organisationen. In einer betriebswirtschaftlichen Sichtweise sind Hochschulen zielgerichtete soziale Systeme, die wie alle Unternehmen/ Organisationen arbeitsteilig eine Gesamtaufgabe erfüllen (Vahs 2009 S. 16 ff.). In solchen Systemen wird die Erreichung des Zwecks mit dem Konzept von Organisation sichergestellt. Organisation als Konzept ist das grundlegende Instrument für die Steuerung zielgerichteter sozialer Systeme, weil damit eine Ordnung bewusst gestaltet wird, um die gemeinsame Gesamtaufgabe zu erfüllen. Zentrale Organisationsaspekte sind dabei Strukturen und Funktionsbeschreibungen, die zum Beispiel in einem Organisationshandbuch festgehalten sind. Mit Aussagen zur Strategie, zur Kultur (u. a. Leitbilder) und zu Prozessen wird dieser Ordnungsrahmen weiter differenziert. Er dient auch der Konfliktvermeidung, weil damit ein klarer Handlungsrahmen vorgegeben wird und Schnittstellenprobleme minimiert werden.

---

[1]Man spricht bei Hochschulen auch von einer Expertenorganisation, Glasl (2013, S. 143) würde sie in seinem Konflikt-Handbuch von der Typologie her als Professionelle Organisation bezeichnen.

▶▶ Konfliktprävention in Hochschulen beginnt deshalb mit dem Vorhandensein und der Qualität solcher Ordnungs- und Gestaltungsmittel[2].

Sie finden sich in großen wie in kleinen Hochschulen und auf allen Ebenen (von der Leitung bis zur einzelnen Abteilung oder zum Institut). Entstehen dann trotz durchdachtem Organisationsgrad und geregelten Prozessen offene Konflikte, setzen Hochschulen oft auf „wissenschaftlich" geprägte Lösungen. Im Einzelnen kann das bedeuten, dass man

- eine Analyse anordnet, evtl. verfasst durch einen externen Spezialisten,
- diese Analyse und die georteten Schwachstellen als Grundlage nimmt für den Erlass von zusätzlichen strukturellen Maßnahmen wie Weisungen und Reglementen, und evtl. zusätzlich
- spezielle Stellen schafft, die als Anlauf- oder Vermittlungsstellen für aufgetretene Konflikte dienen können (z. B. Ombudspersonen, Gleichberechtigungs-Beauftrage) oder die Konfliktbearbeitung an solche Stellen delegiert.

Mit solchen strukturellen Maßnahmen will die Hochschule erreichen, dass Auseinandersetzungen in geordnete Bahnen gelenkt werden und nicht in offene Konflikte ausmünden. Dabei ist aber zu bedenken, dass damit Grundwerte in der Zusammenarbeit zwischen WissenschafterInnen tangiert werden wie Selbstorganisation, Eigenverantwortlichkeit, Vertrauen und Freiraum. Mehr Weisungen und Reglemente geben zwar mehr Sicherheit in der Abwicklung von Prozessen, sie führen aber gleichzeitig zu mehr Kontrolle und mehr Bürokratie.

In den Hochschulen werden heute *für viele Themenbereiche strukturelle Maßnahmen* getroffen, die der Konfliktprävention dienen:

- Mitwirkung des Personals über Institutionen wie Hochschulversammlung, Senat, Mittelbauvereinigung, Studentenschaft)
- Gender- und Lohn-Policy zur Vermeidung von Ungleichheiten
- Urheberschaft an wissenschaftlichen Arbeiten und Forschungsresultaten inklusive Zitationsregeln

---

[2]Im Internet findet man vereinzelte Veröffentlichungen solcher Dokumente aus Hochschulen unter den Stichworten Organisation, Reglemente, Weisungen, Strategien, etc. Ein Beispiel für ein ausführliches Organisationshandbuch Strukturen und Funktionsbeschreibungen hat die Technische Universität Wien TUW 2018 veröffentlicht: https://www.tuwien.at/fileadmin/Assets/dienstleister/universitaetsentwicklung_und_qualitaetsmanagement/Dokumente/Organisationshandbuch_Struktur_und_Governance_27112018.pdf.

- Aufnahme- und Prüfungsanforderungen
- Rekursrechte (Prüfungen, Personalentscheide)
- Betreuung von Doktoranden
- Öffentlicher Zugang zu Dokumenten von Leitungsgremien (Vertraulichkeit, Adressatenkreis)
- Spenden und Sponsoring
- Schaffung neuer Funktionen (z. B. Gesundheitsberatung, Sozialdienst, Genderbeauftragte)
- Schutz vor Diskriminierung, sexuellen Belästigungen, Mobbing jeglicher Art
- Ombudsstellen und Whistleblowing
- Umgang mit Beschwerden
- Umgang mit Bedrohungen

Über die *Praxis des eigentlichen Konfliktmanagements* im Sinne eines geregelten systematischen Vorgehens) ist nur wenig öffentlich bekannt geworden und auf wenige Autoren beschränkt.[3] Hochmuth (2017) spricht in diesem Zusammenhang von Vermeiden, Aussitzen, Stellvertreterkriege und disziplinarischen Praktiken als tradierte Konfliktkultur an Hochschulen. Das Konfliktmanagement besteht in der Regel durch Delegation der Konfliktbearbeitung an

- Gleichstellungsbeauftrage und Personalräte (laut Hoormann und Matheis 2014 haben diese eine hervorragende Stellung als Konfliktbearbeiter)
- Ombudspersonen
- Konfliktlotsen (z. B. HAW Hamburg)
- Sozialberater
- Mitarbeitende im Gesundheitsmanagement

Solche strukturelle Maßnahmen in Form von Reglementen, Richtlinien, Weisungen etc. setzen den Rahmen für das Konfliktmanagement und die Organisationsformen

---

[3]Am ausführlichsten haben sich Hoormann und Matheis (2014) in einer Studie der Böckler-Stiftung damit beschäftigt, Knobloch (2012) hat sich grundlegend zur Implementierung eines Konfliktmanagements in Hochschulen geäußert. Hochmuth (2014) analysierte das Konfliktumfeld an Hochschulen, Walpuski und Jessen (2012) haben ein Netzwerktreffen zum Thema dokumentiert. Hiltscher (2017) beschäftigt sich mit den Möglichkeiten der Mediation in Universitäten.

zur Bearbeitung von Konflikten. Zentral für den Umgang mit Konflikten sind dabei
die

• Dienstvereinbarungen[4]

Diese betreffen z. B. Konfliktbereinigung und partnerschaftlichen Umgang am
Arbeitsplatz, Verhinderung von Diskriminierung, Mobbing, Benachteiligung,
sexuelle Belästigung. Dienstvereinbarungen werden zwischen Personalrat und
Hochschulleitung abgeschlossen. Auch Richtlinien, Leitlinien, Deklarationen
der Hochschulleitung gelten oft als Dienstvereinbarungen. Viele Dienstvereinbarungen sind als ‚freiwillig' zu werten (Hoormann und Matheis 2014, S. 63).

Nicht alle Hochschulen können zusätzliche Stellen für die Bearbeitung von
Konflikten schaffen, doch sie müssen dafür sorgen, dass für das vorhandene
Konfliktpotenzial Auffangnetze geschaffen werden. Das kann durch Out-Sourcing
von strukturellen Funktionen und Maßnahmen geschehen (z. B. Unterstützung
durch externe Berater und Coaches bei Auseinandersetzungen, Burnouts, Frei-
stellungen etc.). In all diesen Delegationen liegt eine besondere Herausforderung,
indem verschiedene Stellen (z. B. Beauftragte für Gender und Diversity, Personalabteilung, Personalrat, Ombudsperson) miteinander adäquat kommunizieren
müssen, damit ein konkreter Fall schnell die Aufmerksamkeit erhält, die ihm
gebührt, und nicht auf einem langen Dienstweg verschleppt wird oder zum Thema
in einer medialen Öffentlichkeit wird. In der Hochschulpraxis wird man deshalb
nicht darum herumkommen, ein mehr oder weniger ausgearbeitetes Konflikt-
management-System zu installieren, das Vorgehen bei Konflikten regelt.[5] Eine
Möglichkeit für den Aufbau eines pragmatischen Systems könnte die Bildung
einer gemeinsamen Plattform sein, wo sich mehrere Hochschulen über erfolgreiches Konfliktmanagement austauschen[6].

---

[4]Eine Dienstvereinbarung ist ein Vertrag, der im öffentlichen Dienst zwischen der Dienst-
stellenleitung und dem Personalrat (als Vertreter der Beschäftigten) abgeschlossen wird.

[5]Faller (2014, S. 79 ff.) hat sich ausführlich mit dem Aufbau solcher Konfliktmanagemen-
systeme in Organisationen beschäftigt.

[6]Ein Beispiel dafür ist das regelmäßige Netzwerktreffen „Konfliktmanagement und Mediation", welche das HIS-Institut für Hochschulentwicklung e. V. (HIS-HE) organisiert. Dabei
treffen sich aus Hochschulen die VertreterInnen, an welche die Konfliktberbeitung delegiert
werden. Die Vernetzung geschieht dann im Rahmen einer Veranstaltung. 2019 war die
Konfliktthematik „Bedrohungsmanagement". Informationen aufgrund einer Mail-Anfrage
an HIS-HE (www.his-he.de) und der Antwort der Presse- und Öffentlichkeitsarbeit vom
13.Juni 2019.

▶ Strukturelle Maßnahmen sind hilfreich und nötig, sie sind aber nur
notwendig und noch nicht hinreichend, um Konfliktprävention und
ein Konfliktmanagement adäquat zu gewährleisten. Konflikte finden
immer zwischen Menschen statt. Die eigentliche Grundlage für einen
erfolgreichen Umgang mit Konflikten bildet deshalb die Gestaltung
der Beziehungen zwischen den Hochschulangehörigen. Dazu gehören
die Art der Führung durch die Leitungspersonen, die Wahrnehmung
von Leadership und Art der Kommunikation von Vorgesetzten in
Hochschulen, wie in den Kap. 3, 4 und 5 ausgeführt werden wird.

2.2 Besonders sensible Bereiche

2.2.1 Sponsoring und Donationen

Spenden an Hochschulen haben eine große Tradition. Dabei kann es sich um
Legate vermögender Einzelpersonen handeln, in neuerer Zeit sind es aber auch
vermehrt Spenden von Unternehmen. Als Vermutung steht oft im Raum, dass
kommerzielle Interessen die Freiheit von Lehre und Forschung beeinträchtigen,
das heißt Hochschulen in Feldern forschen, in denen sie sonst nicht oder weniger ausgedehnt tätig wären und die unter Umständen auch in ethischer Hinsicht
zweifelhaft sind.

Hochschulen selber nehmen sich dieser Finanzierungsquelle zunehmend aktiv
an. Es werden einzelnen Stabstellen oder gar ganze Abteilungen damit betraut,
professionelles Fundraising zu betreiben. Die systematische Pflege der Alumni
ist an vielen Universitäten und Fachhochschulen in Europa im Aufbau begriffen.
Dabei steht nicht nur die Generierung von finanziellen Mitteln im Vordergrund,
sondern auch die bessere Vernetzung der Hochschule in der Gesellschaft, insbesondere auch in der Politik, mit dem Zweck, für die Bereitstellung der notwendigen finanziellen Mittel durch die öffentliche Hand Verständnis zu schaffen.

Für die Positionierung einer Hochschule ist es notwendig, über die eigenen
Leistungen zu sprechen und im kritischen Diskurs mit der Öffentlichkeit zu stehen. *Ein Konfliktpotenzial liegt darin, dass solche Aktionen der Beziehungspflege
nicht immer transparent sind.* Im Weiteren besteht durchaus die Gefahr, dass *Spenden die Hochschulautonomie in Lehre und Forschung infrage stellen* oder mindestens ankratzen. Wenn auch nur die Spur von vertraulichen Absprachen zwischen
Spender und Hochschule besteht, wird in der Öffentlichkeit oder in Teilen der
Hochschule selber die Entgegennahme von Spenden kritisiert, es werden Fragen
gestellt und Stellungnahmen verlangt. Bei unklaren und nicht völlig transparenten

Aktionen der Leitungsorgane der Hochschule eskalieren die öffentlichen Äußerungen, die Reputation der Hochschule erleidet Schaden und der Donator zieht möglicherweise sogar seine Spendenzusage zurück.[7]

Es lassen sich nur wenige allgemeingültige Regeln aufstellen, nach welchen formellen und inhaltlichen Vorgaben eine Hochschule Spenden- und Sponsor-Beiträge annehmen und verwenden soll. Je nach fachlicher Ausrichtung und Tradition einer Hochschule kann dieser Umgang in den Details sehr verschieden ausgestaltet sein. Viele Hochschulen haben sich mittlerweile solche Regeln gegeben.[8] Als Konfliktprävention lassen sich jedoch die folgenden allgemeinen Grundsätze festhalten:

- Die Hochschule entwickelt ex ante (also bevor Spenden getätigt werden) interne Leitsätze und Regeln, die Auskunft geben darüber unter welchen Umständen, zu welchen Zwecken und mit welchen Auflagen die Hochschule finanzielle Unterstützungen annehmen kann und was für Gegenleistungen der Hochschule möglich sind. Dabei dürfte klar sein, dass die Unabhängigkeit und die wissenschaftliche Integrität der Forschung nicht verhandelbar sind.
- Die finanzielle Unterstützung sollte auch in die Strategie der Hochschule passen. Falls Spenden dazu führen, dass die Schwerpunktbildung der Hochschule beeinflusst wird, ist dies problematisch.
- Entgegennahme von Spenden und insbesondere Gegenleistungen an den Spender (z. B. im Rahmen von Sponsoringverträgen) sind immer unter dem Aspekt zu betrachten, dass das Ansehen und die Reputation der Hochschule nicht beschädigt werden darf.

---

[7]Im Jahre 2013 fand eine Spende der Bank UBS an die Universität Zürich über 100 Mio. Fr. große öffentliche Aufmerksamkeit. In der Folge reagierten in- und ausländische Professoren und Professorinnen sowie weitere Persönlichkeiten mit dem „Internationalen Appell für die Wahrung der wissenschaftlichen Unabhängigkeit der Universität" http://www.zuercher-appell.ch/. Die Universität verzichtete vorerst auf eine vollständige Veröffentlichung der Abmachung mit der UBS, was erneut zu Vermutungen und Kritik Anlass gab. Im November 2018 wurden die Vorschriften über die Einwerbung und Entgegennahme von Spenden und Sponsoringbeiträgen an die Universität überarbeitet und in einer Verordnung des Universitätsrates festgehalten.

[8]Als Beispiele für interne Regelungen die Fundraising Richtlinien der Universität Bern https://www.unibe.ch/unibe/portal/content/e809/e810/e483397/e630750/e630755/20180101_Fundraising_Richtlinien_DE_Layout_ger.pdf oder die Vorschriften der Universität Zürich http://www2.zhlex.zh.ch/Appl/zhlex_r.nsf/0/CB8651850C76A155C125837E003B51B5/$file/415.113.pdf.

- Die Leitsätze und Regeln für die Entgegennahme von Spenden sind transparent zu halten, d. h. müssen öffentlich einsehbar sein und die Hochschule hält sich ausnahmslos an diese, lehnt gegebenenfalls auch Spenden ab.
- Vereinbarungen mit Spendern und Sponsoren sollten öffentlich gemacht werden.

Trotz aller präventiven Maßnahmen ist es möglich, dass eine Spende an die Hochschule im Nachhinein öffentlich und hochschulintern kritisiert wird, weil neue und bis jetzt nicht bekannte Informationen vorliegen (z. B. entpuppt sich eine Sachspende in Form eines Gemäldes als Raubkunst, oder die Geschäftspraktiken einer Firma erweisen sich als illegal oder ethisch problematisch). *In solchen Fällen ist einem Konflikt mit den richtigen und adäquaten Maßnahmen der Kommunikation zu begegnen (siehe* Kap. 5).

▶   In jedem Fall hat die kritisierte Hochschule in der Öffentlichkeit einen leichteren Stand, wenn sie glaubhaft nachweisen kann, dass sie nach ihren eigenen, griffigen Reglementen gehandelt und alle zumutbaren Vorsichtsmaßnahmen getroffen hat.

2.2.2 Prinzip der Vertraulichkeit

Informationen über Sachen und Personen, über Abläufe und Ereignisse sind wertvolle Güter. Ohne Informationen können wir keine Analysen vornehmen, keine Beurteilungen machen und auch keine Entscheide treffen. Mit den modernen Kommunikationsmitteln ist die Weitergabe von Informationen stark vereinfacht und verbilligt worden. Die Weitergabe von E-Mails mit vielen Adressaten verursacht dem Sender einen verschwindend kleinen Aufwand. Dies hat nicht nur eine riesige Informationsfülle zur Folge, sondern ermöglicht auch mit Leichtigkeit, vertrauliche Informationen weiterzugeben. Was mit der Verbilligung der Fotokopie und mit Mikrofilmen angefangen hat, ist durch die elektronische Datenübermittlung vollends zum leichten Spiel geworden, das jederzeit und überall stattfindet.
Der Schutz der Privatsphäre und privater Daten ist in vielen Ländern durch Gesetze und Verordnungen ausführlich geregelt. Darüber hinaus legen viele Organisationen, auch Hochschulen, in ihren internen Weisungen, z. B. Geschäftsordnungen, detailliert fest, welche Informationen vertraulich sein sollen bzw. wie und über welche Wege Informationen kommuniziert werden. Dazu gehören Standards, wie mit Unterlagen und Protokollen aus Sitzungen und Besprechungen umgegangen wird.

▶ Wissenschaftlich sozialisierte Hochschulangehörige, Professoren und Professorinnen, Forschende, Lehrbeauftragte etc. bekunden oft Mühe mit der Vorstellung, dass Verhandlungen in einer Sitzung vertraulich behandelt werden sollen. Die Idee eines „Sitzungsgeheimnisses" widerspricht der Vorstellung des offenen und freien (wissenschaftlichen) Diskurses, der durch Transparenz und Offenheit der Wahrheitsfindung dient.

Für Hochschulen ist es deshalb eine besondere Herausforderung, Vertraulichkeitsregeln durchzusetzen. In potenziell konfliktträchtigen Situationen können gezielte Indiskretionen – hochschulinterne oder extern an die Medien verbreitete – eskalierend wirken und die Führung erheblich erschweren. Wenn in einem schwelenden Konflikt quasi „Jeder und Jede mit Jedem" spricht, sich unter Umständen gegenseitig in Konkurrenz stehende Medien einmischen, ist das Risiko groß, dass der Fall der Führung durch die Hochschulleitung entgleitet.[9]

Wie kann die Hochschulführung in der heutigen Welt der technischen Möglichkeiten von elektronischer Post, Kurznachrichten und Twitter Vertraulichkeiten durchsetzen?

Klar und eindeutig geschützt sind persönlichkeitsrelevante Daten, die durch übergeordnetes Recht (z. B. Datenschutzgesetzgebung) öffentlich nicht zugänglich sind. Wer solche Daten öffentlich macht (z. B. aus Personalakten zitiert) macht sich strafbar und kann vor Gericht zur Rechenschaft gezogen werden.

▶ Die Hochschule ist aber gut beraten, wenn sie möglichst wenig interne Daten und Informationen als vertraulich deklariert, sondern öffentlich zugänglich macht. Eine übertriebene Vertraulichkeitskultur ist der Nährboden für Gerüchte und gezielte Falschinformationen! Eine möglichst offene Kommunikation entzieht solchen Entwicklungen den Boden und verhindert eine Atmosphäre des Misstrauens.

Nur wenn die Hochschule aus der Veröffentlichung von Informationen nachhaltig Schaden leiden würde, lassen sich Vertraulichkeiten rechtfertigen. Ein Versuch,

---

[9]Als Beispiel hierfür kann eine Personalie an der ETH Zürich genannt werden, die im Jahre 2019 zur Entlassung einer Professorin führte. Bereits im Vorfeld der Entlassung nahmen verschiedene Medien dazu Stellung, mit unterschiedlichen Bewertungen und gestützt auf verschiedene Quellen von innerhalb und außerhalb der Hochschule.

dies durchzusetzen, besteht einerseits im Erlass entsprechender Vorschriften und Reglemente. Viel wichtiger ist es aber andererseits, die Einsicht und das Einverständnis der Mitwisser einer Information zu erlangen, dass diese vorbehaltlos und in einem definierten Zeitraum vertraulich zu behandeln ist. Ob Vertraulichkeit gelebt wird, hat also weniger mit detaillierten Vorschriften zu tun, als mit der Führungskompetenz der verantwortlichen Leitung: Wenn es gelingt, den betroffenen Mitarbeitenden klar zu machen, dass in einem bestimmten Fall Vertraulichkeit sinnvoll und notwendig ist, wirkt dies verlässlicher als eine mit vielen Sanktionen „ausgeschmückte" Weisung.

2.2.3 Stellenbesetzungen und Berufungen

Offene Stellen im Lehr- und Forschungsbetrieb werden in Hochschulen wie in anderen Organisationen nach bestimmten Regeln und Prozessen besetzt. Typisch für Hochschulen ist die stark verankerte Mitwirkung, teilweise Mitbestimmung des akademischen Personals bei Berufungen von neuen Professorinnen und Professoren. Auch bei anderen Stellen im akademischen Bereich sind oft Mitwirkungsrechte der Mitarbeitenden vorgesehen und in Reglementen verankert. Ähnliches gilt für die Besetzung von Leitungspositionen wie DekanIn, Departementsvorsteherln oder Rektorln. Bis vor relativ kurzer Zeit war es an zahlreichen Hochschulen noch durchaus die Regel, dass die Professorenschaft, organisiert im Senat, den Rektor oder die Rektorin für ein zeitlich relativ kurzes Mandat, z. B. zwei Jahre, wählte. Seit rund 20 Jahren werden Führungspositionen an Hochschulen immer öfter für längere Zeit vergeben und durch das jeweils vorgesetzte Organ maßgeblich bestimmt, d. h. der Hochschulrat oder das Ministerium hat abschließende Entscheidungskompetenz in dieser Personalie.

> ▷ Solange die, wie auch immer ausgestalteten, Regeln für die Stellenbesetzung und Berufung eingehalten werden, ergibt sich kein Konfliktpotenzial. Konflikte können aber entstehen, wenn – begründet oder unbegründet – von diesen Regeln abgewichen wird:

- Offene Stellen werden gar nicht erst öffentlich ausgeschrieben, sondern durch Direktansprachen besetzt, oder
- der Rektor/die Rektorin oder der Hochschulrat lehnt eine von den zuständigen Organen ausgewählte Person ab.

Falls eine Abweichung vom verbrieften Verfahren mutwillig, ohne Grund und somit willkürlich erfolgt, ist der daraus entstehende Konflikt kaum intern zu moderieren und wird umgehend Rechtsanwälte und die Gerichte beschäftigen und damit auch medienwirksam werden.

Abweichungen vom Verfahren sind aber selten in dieser Art eindeutig als simple Verstöße gegen interne Regeln zu` erkennen. Meistens sind solche Regelverstöße getrieben durch – tatsächliche oder angebliche – Unklarheiten und Unregelmäßigkeiten oder auch unvorhergesehene Situationen: Das können sein

- Dissens über die Zusammensetzung eines Wahlausschusses bzw. der Findungskommission,
- erst nachträglich erkennbare Befangenheit von im Wahlprozess involvierten Personen,
- die politische oder wissenschaftliche Haltung der ausgewählten Person,
- wenige Personen bewerben sich für eine offene Stelle, davon keine wirklich qualifiziert,
- zeitliche Dringlichkeit und somit kein öffentliches Verfahren.

Falls das zuständige Organ durch seinen Personalentscheid einen Konflikt heraufbeschwört, gelten grundsätzlich die gleichen Grundsätze wie bei anderen Konflikten:

- Schnelle und direkte persönliche Aussprache mit den involvierten Parteien mit dem Zweck, die Situation zu erklären und Entscheide zu begründen.
- Wenn nötig die mündlich vorgebrachten Erklärungen auch schriftlich vorbereiten und im Gespräch gegebenenfalls vorlegen. Die Schriftlichkeit hat den Vorteil, differenziert und präzise zu formulieren und an diesen Formulierungen auch festzuhalten, wenn sie repetiert und mit anderen Parteien wiederholt werden (müssen).
- Die mündliche Aussprache sollte aber keinesfalls durch eine schriftliche Kommunikation ersetzt werden – in Konflikten sind die mündlichen Aussprachen wichtig und wirken meistens de-eskalierend.

Die große Herausforderung bei Personalkonflikten besteht oft darin, dass aus Gründen des Daten- und Persönlichkeitsschutzes nicht alle Informationen offengelegt werden können, bzw. oben erwähnte Gespräche nur unter dem Versprechen der Verschwiegenheit geführt werden können. Und wenn bereits Medien involviert sind, wird dieser Aspekt des Konfliktes zum unlösbaren Problem und hinterlässt immer einen unguten Widerhall.

2.2.4 Nebenbeschäftigungen

Während in der Privatwirtschaft Nebenbeschäftigungen, also bezahlte Mandate für eine andere Firma, nur sehr eingeschränkt möglich sind, ist eine solche Option an Hochschulen für viele Professorinnen und Professoren durchaus üblich. Die meisten Hochschulen kennen demzufolge auch Vorschriften, welcher Art und in welchem Umfang Nebentätigkeiten ausgeführt werden dürfen. In gleicher Weise gilt wie beim vorstehenden Abschnitt, dass bei konsequenter Anwendung der Vorschriften, falls diese umfassend sind, kaum Konfliktpotenziale vorhanden sind. Trotzdem zeigt sich immer wieder, dass die Öffentlichkeit auf individuelle Fälle aufmerksam wird und in den Medien über einschlägige Praktiken berichtet wird, meistens zum Schaden von Ruf und Ansehen der Hochschule. Dies gilt natürlich primär für öffentlich finanzierte Hochschulen, wo der Verdacht auf unsorgfältigen Umgang mit Steuergeldern sofort zur Hand ist.

Nebenbeschäftigungen müssen geregelt werden, sowohl in den Grundsätzen als auch in der konkreten Bewilligung einzelner Aktivitäten. Dabei gilt es einige spezifische Herausforderungen zu beachten. Hochschulen neigen dazu,

- Nebenbeschäftigungen nur für die vollamtlich an der Hochschule angestellten Personen zu regeln, nicht aber für Personen, die z. B. nur eine 90 %-Anstellung haben,
- Nebenbeschäftigungen zuzulassen, wenn sie ein bestimmtes zeitliches Maß nicht überschreiten (z. B. nicht mehr als einen halben Tag pro Woche in Anspruch nehmen) und keine Infrastrukturen der Hochschule beanspruchen,
- oft recht vage zu bleiben, was Ausmaß und Verwendung der erzielten Erlöse aus der Nebentätigkeit angeht.

> Die Praxis zeigt, dass in der Öffentlichkeit, aber auch hochschulintern, primär der in Geld gemessene Umfang der Nebentätigkeit sensibel wahrgenommen wird. Es wird nicht verstanden, dass ein Professor oder eine Professorin neben seiner oder ihrer Tätigkeit an der Hochschule in der Lage ist, nochmals substanzielle Einkünfte von mehreren hunderttausend Euro oder Franken zu generieren!

Hochschulen tun gut daran, ihre einschlägigen Vorschriften im Lichte von eigenen oder anderswo gemachten Erfahrungen, insbesondere auch auf die Regelung von zulässigen Geldbeträgen, immer wieder zu überprüfen und konsequent anzuwenden.

Konfliktprävention durch Leadership 3

3.1 Leadership an Hochschulen

Leadership in Organisationen beinhaltet die Fähigkeit, Menschen anzuleiten, zu unterstützen und zu ermutigen, gemeinsame Ziele zu erreichen.[1] Erfolgreiches Führen wird als praktizierte Leadership verstanden und umfasst in der Regel folgende Elemente:

- Entwickeln einer gemeinsamen Vision,
- Einfluss nehmen auf die Organisation durch die Gestaltung der Beziehung zu deren Angehörigen,
- Übereinkommen erzielen und Entscheide treffen über gemeinsame Ziele,
- deren Erreichung erleichtern und unterstützen sowie
- innerhalb und außerhalb der Organisation kompetent und überzeugend zu kommunizieren.

An Hochschulen kann man nicht davon ausgehen, dass die Ausübung von Leadership durch ein Leitungsorgan oder eine Person widerspruchslos hingenommen wird. Zu ausgeprägt ist die individuelle Sicht auf die Entwicklung der Umwelt, deren Chancen und Risiken und die eigene Beurteilung der möglichen Entwicklung. Die Führung einer Hochschule wird sich deshalb immer wieder mit Meinungsverschiedenheiten und Konflikten zwischen Angehörigen der Hochschule konfrontiert sehen und sich damit auseinandersetzen müssen.

---

[1] siehe auch Inderbitzin (2018, S. 4). Daselbst wird auch auf den Unterschied zwischen Leadership und Management eingegangen.

© Springer Fachmedien Wiesbaden GmbH, ein Teil von Springer Nature 2020
U. Alter und W. Inderbitzin, *Führung an Hochschulen in Konfliktsituationen,*
essentials, https://doi.org/10.1007/978-3-658-28528-9_3

Unterschiedliche Sichtweisen und Meinungsverschiedenheiten bezüglich anstehender Entscheide sind keineswegs per se zu verhindern. Im Gegenteil: Konstruktive Auseinandersetzungen können neue Einsichten zeitigen und die Institution insgesamt voranbringen. Was es gilt zu verhindern, sind destruktive eskalierende Konflikte, welche beteiligte Personen in Verruf bringen, zu persönlichen Angriffen führen und mit negativen Schlagzeilen in die Öffentlichkeit und in die Medien dringen.

> Leadership zeichnet sich dadurch aus, dass sie Konflikten nicht ausweicht, sondern diese als Chance für einen dialektischen Prozess wahrnimmt, jedoch immer die Führung in diesem Prozess behält und diesen zu einem konstruktiven Ende bringt.

Die möglichen Konfliktfelder in einer Hochschule sind zahlreich und vielfältig. Im Folgenden werden beispielhaft drei klassische Leadership-Bereiche angesprochen: Umstrittene Veränderungsprozesse, Konflikte mit übergeordneten Behörden sowie Spannungen im Verhältnis zwischen dem akademischen und dem nicht-akademischen Hochschulpersonal.

3.2 Veränderungsprozesse mit umstrittenen Entscheidungssituationen

In kleinen Schritten verändert sich eine Hochschule permanent. Solche laufenden und kontinuierlichen Veränderungen stellen normalerweise kein Problem dar. Herausfordernd jedoch sind größere Veränderungen, welche zu einschneidenden Umgestaltungen führen und die Entwicklungsmöglichkeiten und das Arbeitsumfeld von vielen Hochschulangehörigen beeinflussen. Eine solche Veränderung war beispielsweise die Einführung des Bologna-Systems an Hochschulen. Es kann sich aber auch um eine organisatorische institutionelle Veränderungen handeln wie der Zusammenschluss mit einer anderen Hochschule (Fusion), die Veränderung von personalrechtlichen Grundlagen (z. B. neue Salärsysteme, Modifikationen in Sabbatical-Regeln), Änderungen im Portfolio (z. B. die Schließung eines Fachbereiches wegen zu wenig Studierenden) oder Verlagerung eines Hochschulstandortes.

> Veränderungen sind dann besonders konfliktträchtig, wenn sie nicht auf allgemeine Zustimmung stoßen, sondern von einer großen Zahl von Hochschulangehörigen als unnötig bis unsinnig und dadurch als Schikane empfunden werden. Schnell ist die Leitung in der Rolle des Bösewichtes, welche in unzumutbarer Weise als Erfüllungsgehilfe der vorgesetzten Behörden agiert.

Welche Auswege stehen der Leitung[2] zur Verfügung, um solche Blockierungen aufzuheben? Was für Handlungsweisen sind nicht empfehlenswert?

- Wer bei Widerspruch gegen Entscheide der Leitung sofort formal mit der Legitimität der Anordnung argumentiert und diese „top down" durchsetzen will, wird das Feuer des Protestes erst recht anfachen. In Hochschulen hat die Diskussion von Thesen und Gegen-Thesen einen hohen Stellenwert, Entscheide sind deshalb in der Wahrnehmung der „scientific community" vorerst nicht mehr als ein interessanter Beitrag zur Diskussion.[3]
- Je kontroverser eine Entscheidung ist, desto wichtiger ist es, die Diskussion in der Hochschule zuzulassen, aber auch zu moderieren und zu führen. Letzteres heißt insbesondere, dass sich die Leitung in der Diskussion einbringen soll, mit wenigen aber gehaltvollen Beiträgen. Als Leitungsorgan – Hochschulleitung oder Rektor/Rektorin – muss man Abstand nehmen von Haltungen und Empfindlichkeiten wie: „Wir haben doch entschieden, was soll das alles noch?" Genauso wie auch in einem Staat Entscheide durch eine Abstimmung mit Füssen oder anderen Handlungen umgestoßen werden können, genauso entstehen in einer Hochschule in bestimmten Phasen und zu bestimmten Ereignissen Bewegungen aus dem Kreis der Hochschulangehörigen, vorwiegend dem akademischen Personal. Nichts wäre wohl erfolgloser als an einer Hochschule eine Diskussion unterbinden zu wollen!
- Wohl aber müssen der intern-öffentlichen Auseinandersetzung Parameter und Eckwerte gesetzt werden. Insbesondere muss der Diskussion ein zeitliches Ende gesetzt werden. Es darf nicht sein, dass Opponenten durch „filibuster"-artige endlose Interventionen die Hochschule handlungsunfähig machen. Es kommt der Zeitpunkt, wo die Hochschulleitung verkündet: „Wir haben die Argumente gehört und erwogen, nun bringen wir die Sache zum Abschluss."

---

[2]Unter Leitung wird hier und im Folgenden nicht nur die Hochschulleitung verstanden. Grundsätzlich gleiche Herausforderungen stellen sich auch für die Leitung einer Fakultät, eines Departements, eines Instituts, etc. Wenn wir in diesem essential von Rektor/Rektorin und Hochschulleitung sprechen, so gelten die jeweiligen Ausführungen sinngemäss auch für andere Leitungsfunktionen.

[3]Andersson (2014), Präsident der Nanyang Technological University Singapore, formulierte es in einem Vortrag so: „In Singapore the Rector's decision is a decision, in Europe the rector's decision is an interesting contribution to the discussion."

- Zum Abschluss bringen heißt: Entscheiden, den früheren Entscheid bekräftigen oder modifizieren, aber definitiv entscheiden. Dazu gehört auch ein klärendes und erläuterndes Gespräch mit den Gegnern. Auch wenn das „nichts mehr bringt" – die Wertschätzung der Hochschulleitung gegenüber anderen Argumenten und Sichtweisen zeigt Stil und Größe und ist vor allem ein Beitrag zu einer konstruktiven Diskussionskultur in der Hochschule.

Und wenn die Opponenten trotzdem keine Ruhe geben und den getroffenen Entscheid weiterhin bekämpfen? Gerade an Hochschulen mit ihren ausgeprägten Traditionen, individuelle Einschätzungen zu äußern und kontrovers zu diskutieren, ist eine solche Weiterentwicklung des Konfliktes und eine Eskalation des Streites durchaus möglich.

Was hat die Hochschulleitung oder der Rektor/die Rektorin in solchen Situationen zu beachten, um eine weitere Eskalation zu vermeiden? (vgl. dazu Glasl 2017, S. 84 ff.)

- Es ist immer sachlich und nur bezogen auf die Themen der Entscheidung zu argumentieren. Die Opponenten dürfen nicht pauschal und persönlich als Querulanten diffamiert werden, indem man z. B. mit früheren Streitsachen vergleicht („Der Herr X, die Frau Y waren immer schon schwierig!"), was aber mit dem aktuellen Thema rein gar nichts zu tun hat.
- Wenn immer möglich sind keine weiteren Organe oder gar die Medien zu involvieren. Auch die Anrufung der übergeordneten Behörde als Schiedsrichter verkompliziert den Fall und beschädigt letztlich die Autonomie der Hochschule.
- Eskalierend wirken auch Simplifizierungen und Personalisierungen des Konfliktes („Professor X will einfach Recht haben, er war immer schon gegen die Rektorin und wäre wohl selber gerne in der Hochschulleitung!")

Aber selbst ein professionelles Verhalten der Leitung garantiert nicht, dass Ruhe einkehrt. Um die erhitzten Gemüter zu beruhigen, braucht es Zeit. Oft wird diese Zurückhaltung abschätzig als „Aussitzen" eines Konfliktes bewertet. Die Erfahrung zeigt jedoch, dass ab einem bestimmten Zeitpunkt weitere Interventionen in einem Streit nicht wirklich effektiv sind. *Eine „cooling down"-Phase kann deshalb heilsam sein.*

Als ultimo Ratio hat der Vorgesetzte natürlich immer die Möglichkeit, einzelne Personen nach den Regeln des geltenden Personalrechts zu ermahnen, schriftliche Verweise zu erteilen oder gar eine Entlassung zu beantragen, um so für Ruhe zu sorgen. Aber eigentlich ist dies nur vordergründig eine Lösung, weil sie meistens schlecht erklärbar ist, aus Datenschutzgründen oft nicht alle Fakten öffentlich sind und in der Hochschule eher als ein Zeichen der Gesprächsverweigerung wahrgenommen wird.

3.3 Meinungsverschiedenheiten mit übergeordneten Behörden

Hochschulen sind in eine jeweils spezifische Governance eingebunden. In privatrechtlich organisierten Hochschulen sind die obersten Autoritäten eine Stiftung oder das Aktionariat, eventuell Privatpersonen als Eigentümer, bei öffentlich-rechtlichen Hochschulen die jeweilige staatliche Instanz – Ministerium oder Departement – vertreten durch einen Hochschulrat. Für die Leitung der Hochschule sind diese Organe abschließend verantwortlich und mit entsprechenden Kompetenzen ausgestattet. Auch wenn im Grundsatz und in Details die Autonomie der Hochschule gewährleistet ist, können sich in der Praxis zahlreiche Felder öffnen, in denen der Hochschulrat oder das Ministerium Handlungsbedarf sieht und sich vernehmen lässt, sei es mit Ratschlägen oder konkreten Anordnungen.

Konflikte zwischen der Leitung der Hochschule und deren vorgesetzten Behörde sind gekennzeichnet dadurch, dass

- es sich um eine Auseinandersetzung zwischen ungleichen Parteien handelt, indem die vorgesetzte Behörde jederzeit Anordnungskompetenzen geltend machen kann oder gegen einzelne Personen (Rektor, Rektorin oder Mitglieder der Hochschulleitung) disziplinarisch vorgehen kann,
- die involvierten Parteien zwar von Personen vertreten werden, diese aber wiederum Mitglieder eines größeren Gremiums sind, vor welchem sie sich rechtfertigen müssen,
- die Öffentlichkeit und die Medien aus einem Konflikt kaum ausgeschlossen werden können, das heißt neben den eigentlichen Kontrahenten beobachten und agieren weitere Personen wie Journalisten, Parlamentsabgeordnete oder auch lokale Behörden (z. B. Kommunalbehörden der jeweiligen Hochschulstandorte).

Allein diese drei genannten Merkmale zeigen auf, wie komplex solche Konflikte sind und wie schwierig sie zu handhaben sind.

Meinungsverschiedenheiten mit den vorgesetzten Behörden sind nichts Ungewöhnliches und auch nicht problematisch, solange sie sich im Rahmen eines offenen und sachlichen Diskurses unter Beachtung der geltenden Gesetze und Reglemente abspielen. Die Leitung der Hochschule ist gut beraten, wenn sie in diesen Diskurs genügend Aufmerksamkeit und Zeit investiert, das heißt im Einzelnen, dass sie

- die vorgesetzte Behörde regelmässig mit genügend und zutreffenden Informationen versorgt, und
- die persönlichen Beziehungen zu den einzelnen Repräsentanten pflegt.

Der große Vorteil der Leitung der Hochschule besteht in ihrem umfassenden Wissen über Eigenschaften und Abläufe, Stärken und Schwächen, Risiken und Chancen der Hochschule. *Eine informierte Behörde wird weniger zu unrealisierbaren Fantasie-Entscheiden neigen,* als wenn sie nur nebulöse Vorstellungen und Kenntnisse hat. Gleichzeitig ist die systematische Beziehungspflege zu den Repräsentanten der vorgesetzten Behörde ein wichtiges Element einer langfristig angelegten Konfliktprävention. Im konkreten Fall eines eskalierenden Konfliktes ist ein wichtiges Element das direkte und persönliche Gespräch. Dieses ist viel einfacher möglich, wenn man sich schon seit längerer Zeit kennt und eine konstruktive Arbeitsbeziehung aufgebaut hat.

Konflikte können sich langsam aufbauen und entwickeln, sie können aber auch völlig überraschend auftreten. Beispiele lassen sich leicht finden, so etwa kann die vorgesetzte Behörde

- die finanziellen Mittel kürzen,
- in das Leistungsportfolio der Hochschule eingreifen (z. B. verfügen, dass ein bestimmter Lehrgang nicht mehr anzubieten sei),
- Forschungsschwerpunkte festlegen oder aufheben, ohne Rücksprache mit der Hochschule, oder
- Standorte bestimmen bzw. verändern.

Solche und ähnliche Maßnahmen lösen in der Hochschule und in deren Umfeld Unmut und Protest aus, vor allem wenn sie überraschend getroffen und über alle Medienkanäle verbreitet werden.

▶   Öffentlich bekannt gewordene Konflikte eskalieren schnell und sind damit schwieriger lösbar. Die Leitung der Hochschule sollte deshalb gut abwägen, welche Verhaltensweisen eskalierend wirken und deshalb vermieden werden sollten:

- Vorschnelle und apodiktisch ablehnende Äußerungen sind gefährlich, weil man unmittelbar Gefangener seiner eigenen Aussagen und Forderungen wird. Drohgebärden („Wenn wir die finanziellen Mittel nicht haben, können wir die Qualität nicht mehr garantieren!") wirken klar eskalierend, auch wenn sie materiell richtig sein mögen.

- Die Mobilisierung von Verbündeten, seien es Abgeordnete in Parlamenten, lokale Behörden oder die Presse, ist verlockend und meistens sehr einfach möglich. Aber auch diese Verhaltensweise wirkt eskalierend und birgt darüber hinaus die Gefahr in sich, dass diverse Nebenkriegsschauplätze eröffnet werden, weil alle diese angeblichen Verbündeten noch ihre eigenen Interessen vertreten und dadurch in der eigentlichen Streitsache Verwirrung gestiftet wird.

- Ganz schlecht wirkt sich aus, wenn der Konflikt nicht mehr auf Sachfragen konzentriert, sondern auf Personen gezielt wird, quasi Schuldige gesucht – und auch gefunden – werden („Die Ministerin will persönlich die Universität zu Lasten der Fachhochschule fördern – das wird sie zu verantworten haben!")

▷ Konstruktive Verhandlungsstrategien müssen primär anstreben, ein persönliches Gespräch mit den relevanten Entscheidungsträgern zu suchen.

Da wird sich zeigen, ob nun belastbare, persönliche Beziehungen bestehen, auf die man zurückgreifen kann. In diesem Gespräch müssen Hintergründe ausgelotet werden („Warum habt ihr so entschieden? Was waren eure Überlegungen?") und Gegenargumente bereitgehalten werden, gestützt auf Daten und Fakten. Je nach Entwicklung kann ein erläuternder und umfangreicher Bericht nachgeschoben werden, in keinem Fall aber kann das Gespräch ersetzt werden durch einen Bericht, so zu sagen eine schriftliche Gegendarstellung.

In einem Gespräch wird die Leitung der Hochschule unschwer feststellen, wo die umstrittene Anordnung gut fundiert und wo diese auf wackeligem Boden steht. Oft kann man in solchen Situationen feststellen, dass dem Hochschulrat oder dem Ministerium wichtige Informationen fehlten, dass man mit – expliziten oder impliziten – Annahmen gearbeitet hat und deshalb viele Details der verfügten Maßnahmen keineswegs klar sind und Nebeneffekte nicht beachtet wurden. Das gibt Ansatzpunkte und Hebel für Gegenpositionen. Wenn es darüber hinaus noch gelingt, gemeinsame Interessen zwischen Behörde und Hochschule zu identifizieren, so ist das ein weiterer Schritt in eine, auf sachlicher Basis geführte Verhandlung auf Augenhöhe.

Dies ist natürlich keine Garantie für eine Rücknahme der von der Hochschule nicht erwünschten Entscheidung oder Anordnung. Je mehr Prestige im Spiel ist und je mehr Öffentlichkeit die Auseinandersetzung gefunden hat, desto schwieriger ist es für beide Seiten, sich inhaltlich zu bewegen. Falls die vorgesetzte Behörde bei ihrer Position bleibt, wird der Hochschule nichts anderes übrig bleiben, als der Anordnung Folge zu leisten. Die Verweigerung des Gehorsams durch die Leitung der Hochschule oder einzelne Personen, etwa den Rektor oder die Rektorin, ist keine Option: Selbst wenn der unwahrscheinliche Fall eintreten sollte, dass die vorgesetzte Behörde diese Verhaltensweise akzeptiert, so wäre das Beispiel nach innen für die Akzeptanz von Führung verheerend. Warum sollte ein Dekan, eine Institutsleiterin etc. den Anordnungen der Rektorin Folge leisten, wenn diese ihrerseits nicht ausführt, was der Hochschulrat entscheidet?

Alles was die Leitung der Hochschule noch tun kann, ist *diese „bad news" sachlich und zeitgerecht intern zu kommunizieren.* Zeitgerecht bedeutet insbesondere, dass die Hochschulangehörigen aus internen Quellen, durch den Rektor oder die Rektorin, erfahren sollten was Sache ist, bevor in einer breit gestreuten Medienmitteilung die breite Öffentlichkeit den letzten Stand der Auseinandersetzung erfährt (siehe dazu auch Kap. 5).

3.4 Verhältnis zwischen dem akademischen und dem Verwaltungspersonal

Sowohl das Wachstum der Hochschulbildung als auch die Autonomie der Hochschulen in Bezug auf die Steuerung der Finanzen sowie der personellen und sachlichen Ressourcen haben die Bedeutung der administrativen Abläufe, Instrumente und damit auch die Wichtigkeit des Verwaltungspersonals massiv erhöht. Seien es Abläufe im Studienbetrieb mit Immatrikulation, Verwaltung von Kreditpunkten, Promotion und Exmatrikulation, seien es das Projektmanagement im Forschungsbereich oder Aufgaben im Fundraising und der Beziehungspflege mit Alumni der Hochschule – *ohne qualitativ hervorragende Leistungen in der Verwaltung ist die akademische Qualität der Hochschule nicht zu halten!*

Diese Wahrnehmung ist aber hochschulintern keineswegs unbestritten. Im Gegenteil – die Zunahme des Verwaltungspersonals wird als Aufblähung des „Wasserkopfes" und unproduktive Verschleuderung von Ressourcen wahrgenommen. Bei den älteren Mitarbeitenden ist schnell der Vergleich mit dem Zustand vor 20 oder 30 Jahren zur Hand, wo – angeblich – die Hochschule vom Rektor mit seiner Sekretärin verwaltet wurde. Diese Wahrnehmung, völlig unabhängig davon, ob sie auch zutreffend ist, prägt auch heute noch viele Gespräche und Debatten in der Hochschule. Dabei sind es nicht so sehr große, Aufmerksamkeit heischende Konflikte zwischen dem akademischen und dem Verwaltungspersonal. Vielmehr könnte man das manchmal gespannte Verhältnis zwischen diesen beiden Personalkategorien als „privater Kleinkrieg" bezeichnen: Man lässt keine Gelegenheit aus, sich gegenseitig Fehler vorzurechnen – und übersieht dabei die zahlreichen *gemeinsamen Interessen* zwischen Verwaltung und dem akademischen Hochschulpersonal.

Diese Grundstimmung ist zweifellos höchst unproduktiv und sollte von der Hochschulleitung, dem Rektor und der Rektorin aber auch Leitungspersonen in Fakultäten, Departementen, Studiengängen und Instituten angegangen werden. Welche Möglichkeiten bieten sich an?

Auf der strukturellen Ebene hat in den letzten Jahren das Hochschulpersonal des so genannten *„3d space"* an Bedeutung gewonnen. Der Begriff des „3rd space" wurde erstmals 2008 von Celia Whitchurch (2018) eingeführt. Man bezeichnet damit Mitarbeitende in der Hochschule, die an den Schnittstellen zwischen Administration und Lehr- und Forschungsbetrieb anspruchsvolle Support-Leistungen erbringen. Beispiele für solche Stellen sind Funktionen im Qualitätsmanagement, im Bibliothekswesen, in der Geschäftsführung in einem Dekanat, im Projektmanagement in einem oder mehreren Forschungsprojekten, in Studiengangleitungen, im Fundraising etc. Es handelt sich dabei um Aufgaben, die sich nahe am wissenschaftlich-akademischen Betrieb der Hochschule bewegen, somit eine akademische Ausbildung voraussetzen, aber doch wesentlich der Lehre und Forschung im weitesten Sinn zu-dienen. Als wichtigen zusätzlichen Nutzen sehen viele Hochschulen dabei auch die Übersetzungs- und Brückenschlag-Funktion zwischen dem akademischen und dem Verwaltungspersonal. Da die Angehörigen des „3rd space" in der Regel akademisch ausgebildet sind, fällt die Kommunikation leichter.

> ▶ Mit der zunehmenden Komplexität des Hochschulbetriebs entspricht die Entstehung eines „3rd space" zweifellos einem echten Bedürfnis. Die Förderung und Pflege dieses Typus von Mitarbeitenden kann helfen, Spannungen zwischen Administration und Wissenschaft abzubauen und den Qualitätsstandard in den einschlägigen Supportleistungen zu erhöhen.

Die latenten Spannungen zwischen Administration und dem akademischen Personal verschwinden damit aber nicht automatisch, und die Leitungspersonen sind nach wie vor in der Pflicht, den gegenseitigen Vorurteilen entgegenzutreten und für eine konstruktive interne Gesprächs- und Zusammenarbeitskultur zu sorgen.

• Ein großer Teil der Spannungen hat seine Ursache in der Unkenntnis oder der mangelhaften Kenntnis darüber, was der „andere" Teil der Hochschule eigentlich macht. Die Herausforderungen, denen sich die Verwaltung gegenübersieht, und die Leistungen, die sie erbringt, sind oft einem großen Teil des akademischen Personals unklar und unbekannt. In ähnlicher Weise versteht das administrative Personal oft nicht, was sich hinter den Türen eines Instituts eigentlich tut, oder wie heute in einem Studiengang gelehrt und gelernt wird. Road Shows und gegenseitige Besuche von Organisationseinheiten sind notwendig, um Verständnis zu schaffen für die jeweiligen Arbeitsfelder und um persönliche Kontakte zu ermöglichen, und zwar in entspannter Atmosphäre und losgelöst von den täglichen konkreten Problemstellungen.

- Die Hochschulleitung und der Rektor/die Rektorin muss in der internen Öffentlichkeit immer wieder klar machen, dass die Leistungen der Administration unverzichtbar sind für eine hohe Qualität von Lehre und Forschung. Die Reputation der Verwaltung sollte bei allen möglichen Gelegenheiten gestärkt werden.

- In ähnlicher Weise ist es Aufgabe der Verwaltungsdirektorin oder des Kanzlers, seinen Mitarbeitenden immer wieder klar zu machen, dass die Arbeitsweise in Lehre und Forschung sich von standardisierten Tätigkeiten unterscheidet, und deshalb besondere Anforderungen an Prozesse gestellt werden und oft auch besondere Persönlichkeiten in diesen Funktionen tätig sind.

4 Konfliktprävention und -management in der personellen Führung

4.1 Qualifizieren von Hochschulangehörigen

Qualifikation von akademischen Mitarbeitenden an Hochschulen ist eine besondere Herausforderung:

- Die „Vorgesetzten" sind meistens Kollegen oder Kolleginnen, die sich nicht als Chefs fühlen und auch ihre weitere berufliche Entwicklung nicht in einer Vorgesetzten-Position sehen, sondern nach einer begrenzten Zeit wieder ins Glied zurücktreten und ihre Funktion einem oder einer anderen Kollegen/-in weitergeben.
- Dadurch sind im Qualifikationsgespräch ständig latent Scheu und Zurückhaltung vorhanden, tendenziell werden eher positive Feedbacks gegeben, negative Kritik wird sorgfältig umschifft.
- Diese Scheu und Zurückhaltung werden oft „rationalisiert" mit dem Argument, dass eine Beurteilung des Kollegen oder der Kollegin in fachlicher Hinsicht „ohnehin nicht möglich sei – man habe selber ein ganz anderes Fachgebiet".
- Oft krankt die Beurteilung aber auch daran, dass man im Vorfeld, d. h. anfangs Jahr, nur vage oder gar keine gemeinsamen Ziele festgelegt hat.

Die Mitarbeiterqualifikation verkommt zur gegenseitigen Belobigung, bleibt kurz und formalistisch und artet vielleicht sogar in ein gemeinsames Klagen darüber aus, dass man überhaupt ein solches Gespräch führen muss.

Solange keine außerordentlichen Fehlleistungen vorkommen oder sich Mitarbeitende keine offenkundigen Verfehlungen zuschulden lassen kommen, kann die Hochschule mit dieser arg „verbogenen" Form der Mitarbeitergespräche leben. Allerdings vergibt man sich damit auch große Chancen und entblößt

© Springer Fachmedien Wiesbaden GmbH, ein Teil von Springer Nature 2020
U. Alter und W. Inderbitzin, *Führung an Hochschulen in Konfliktsituationen,*
essentials, https://doi.org/10.1007/978-3-658-28528-9_4

gleichzeitig die Organisation von der in Konfliktsituationen notwendigen Dokumentation des Verhaltens von Mitarbeitenden.

Mitarbeitendengespräche sollten primär als Chance betrachtet werden Einerseits kann gemeinsam Rückblick und Ausblick gehalten werden, Erfolge und Misserfolge können nochmals analysiert werden und nächste Schritte und Ziele vereinbart werden. Andererseits gibt ein solcher Termin sowohl dem Vorgesetzten als auch Mitarbeitenden Gelegenheit, außerhalb der täglichen Arbeit Ungewohntes und Ungeliebtes, das heißt auch Kritik und Sorge zu formulieren. Gerade an Hochschulen, wo man sich ja in besonderer Weise auf Augenhöhe begegnen will, sollte ein Mitarbeitendengespräch immer als eine 360-Grad Beurteilung angelegt sein.[1]

Das Ergebnis von Mitarbeitendengesprächen muss schriftlich festgehalten werden. Große Unternehmen und auch Hochschulen neigen dazu, den Prozess stark zu formalisieren und zu quantifizieren, mit standardisierten Bewertungen und Benotungen auch interpersonell vergleichbar zu machen. Das Ergebnis ist oft ein mehrseitiges Formular, welches mehr Ähnlichkeiten mit einem Multiple-Choice Blatt hat als mit einem Protokoll. Die Absicht ist löblich, aber in Hochschulen stoßen solche Standardisierungen auf wenig Gegenliebe. Gerade in diesem schwierigen Thema der Mitarbeiterqualifikation baut man mit einem ausgedehnten und stark standardisierten Formular nochmals eine zusätzliche Hürde ein – und der beabsichtigte Nutzeffekt steht in keinem Verhältnis zum Unwillen, den man damit bei den Mitarbeitenden auslöst. Einer Hochschulkultur angepasst wäre vielmehr die anforderungsreiche und dialogische *Qualifikationsmethode der freien verbalen Beschreibung* (siehe dazu Lippmann et al. 2019, S. 572).

Aber kein Zweifel:

> ▶ Ergebnisse aus dem Mitarbeitergespräch müssen immer schriftlich festgehalten werden und von beiden Teilnehmenden am Gespräch bestätigt werden. Kann man sich nicht einigen, so sind abweichende Einschätzungen ebenfalls zu dokumentieren.

Die Berichte aus Mitarbeitendengesprächen zeigen damit die Entwicklung einer Mitarbeiterin oder eines Mitarbeiters auf und geben Anhaltspunkte für Förderpotenzial. Sie sind aber auch Bestandteil eines Frühwarnsystems bei allfälligen Schwierigkeiten und sich anbahnenden Konflikten. Das setzt allerdings voraus,

---

[1]Eine 360-Grad-Beurteilung ist eine Qualifikationsmethode, die Kompetenzen und Leistungen aus unterschiedlichen Perspektiven beurteilt (Mitarbeiter, Vorgesetzter, Kollege, Teammitglieder, Auftraggeber etc.).

dass diese Berichte nicht nur für die Akten geschrieben werden, sondern dass man sie heranzieht bei Entscheidungen und Einschätzungen. *Von zentraler Bedeutung sind sie bei eskalierenden Konflikten mit Mitarbeitenden.* Personalrechtliche Maßnahmen wie Verweise, Abmahnungen oder Kündigungen müssen abgestützt sein auf die Beurteilungen des Mitarbeitenden in der Vergangenheit. Konkret: Die Kündigung eines Arbeitsverhältnisses bei einem Mitarbeitenden, dem man jahrelang immer gute Qualifikationen gegeben hat, stößt im öffentlichen Personalrecht auf ganz große Schwierigkeiten! Die Praxis in Hochschulen zeigt leider immer wieder, dass Konflikte plötzlich eskalieren gerade mit Mitarbeitenden, deren ungenügendes Verhalten jahrelang stillschweigend toleriert wurde und die Mitarbeiterqualifikation dieses Ungenügen nicht sichtbar machte, oder – noch schlimmer – gar keine Qualifikationen vorliegen.

> ▶ Konstruktive und dokumentierte Mitarbeitendengespräche sind im Sinne von Feedbacks auch in Hochschulen notwendig: sie ermöglichen kontinuierliche Verbesserungen und beugen eskalierenden Konflikten vor.

4.2 Angriffe auf Vorgesetzte

An Hochschulen werden hierarchische Über- und Unterstellungen immer kritisch betrachtet. Ein traditionelles Führungsverständnis der autonomen Hochschule geht davon aus, dass der Vorgesetzte, z. B. der Rektor oder die Rektorin, als Primus inter pares die Entscheide verwaltet, die von einer breiten Mehrheit der Hochschulangehörigen, primär natürlich des akademischen Personals, genehmigt wurden. Dieses Verständnis kollidiert mit einem in neuerer Zeit sich verbreitenden Führungs-Modell, das der Hochschulleitung die Verantwortung für Globalbudget und Leistungsauftrag und damit verbunden die notwendigen Anordnungskompetenzen überträgt.

Dieser Paradigmawechsel kann von Hochschulleitungen natürlich nicht als Freipass betrachtet werden, die Bedürfnisse nach Mitwirkung des Hochschulpersonals zu missachten und Entscheidungen ausschließlich basierend auf Hierarchien durchsetzen zu wollen. Zu Recht ist an Hochschulen weiterhin verankert, dass Meinungen und Einschätzungen des Hochschulpersonals angehört und Entscheide der Leitungsorgane sachlich und inhaltlich begründet werden. Diese generelle Haltung ist aber auch der Nährboden für lange Diskussionen und mehrmaliges Wiederaufnehmen von bereits getroffenen Entscheiden.

Viel häufiger als in privatwirtschaftlich organisierten Unternehmen findet man an Hochschulen offene Kritik an Handlungsweisen von Entscheidungsträgern, die auch in Anfeindungen und persönlichen Verunglimpfungen münden können (vgl. dazu auch Abschn. 3.2).

Beispiele für solche Situationen können sein:

- Man wirft dem Dekan oder der Rektorin fachliche Inkompetenz vor: Er oder sie verstehe gar nichts von der Sache, und habe trotzdem gegen das Institut entschieden und die finanziellen Mittel nicht bewilligt.
- Der Rektor und die Hochschulleitung werden kritisiert und angefeindet, weil sie eine für die Hochschule nachteilige Anordnung des Ministeriums umsetzen, angeblich in „vorauseilendem Gehorsam".
- Dem Institutsleiter wird vorgeworfen, eine Mitarbeiterin oder einen Mitarbeiter begünstigt zu haben: Aufgrund einer unzutreffenden Qualifikation sei die betreffende Person befördert und in eine hohe Lohnklasse eingereiht worden.

In solchen und ähnlichen Fällen werden *direkte Vorgesetzte attackiert, und gleichzeitig sind sie verantwortlich dafür, den Konflikt unter Kontrolle zu bringen.* In schwerwiegenden Fällen, d. h. wenn die Eskalation des Konfliktes (vgl. dazu Glasl 2013, S. 183 ff.) bereits fortgeschrittene und höhere Stufen erreicht hat, geht das zweifellos nur mit Hilfe von professioneller Unterstützung durch eine außenstehende Konfliktberatung. Im täglichen Betrieb einer Hochschule kommen jedoch Kritik an und Angriffe auf Vorgesetzte immer wieder vor, und Vorgesetzte müssen sich diesen Attacken stellen, ohne dass sofort externe Hilfe zur Verfügung steht.

> ▶ Eine Entspannung der Situation kann nur erreicht werden über ein direktes Gespräch. Schriftliche Auseinandersetzung sind zu vermeiden, auch wenn der oder die Kritiker bereits den schriftlichen Weg in die (interne) Öffentlichkeit gewählt haben.

- In einem Gespräch hört sich der Vorgesetzte die Kritik an ihm persönlich oder an seinen Handlungsweisen an. Die Herausforderung besteht natürlich darin, auch als ungerechtfertigt empfundene Äußerungen geduldig anzuhören und lediglich persönliche Verunglimpfungen zurückzuweisen.
- Es kann hilfreich sein, sich im Gespräch von einer weiteren Person begleiten zu lassen. Allerdings muss sichergestellt werden, dass diese Person ebenfalls eine Deeskalation des Konfliktes anstrebt.

- Es sollte ein Protokoll des Gespräches erstellt werden. Im Idealfall wird dieses Protokoll von den am Gespräch Beteiligten genehmigt.
- Das Gespräch dient primär der Anhörung, allenfalls Klärung von Missverständnissen. Im Idealfall kann man Meinungsverschiedenheiten ausräumen. Falls das nicht der Fall ist, lässt man die unterschiedlichen Einschätzungen stehen.

Wenn sich der Konflikt um einen umstrittenen Entscheid dreht, muss **vor** dem Gespräch geklärt werden, ob man sich auf eine Modifikation einlassen will oder nicht. Falls keine Änderung möglich ist, sollte das den Kritikern und Gegnern dieses Entscheides auch klar gesagt werden. Falls der Vorgesetzte auf die Kritik in irgendeiner Form eingehen kann und will, ist festzuhalten, bis wann eine Rückmeldung oder finale Entscheidung zu erwarten ist.[2]

4.3   Vorgesetzte als Vermittler in Konflikten[3]

Mitarbeitende von Hochschulen haben große Freiräume in der Gestaltung ihrer Arbeit. Das heißt aber nicht, dass jeder machen kann, was er will, und keine Meinungsverschiedenheiten (= latente Konflikte) ausgetragen werden müssen. Wie soll konstruktiv vorgegangen werden, wenn es substanziellen Widerspruch eines Professors oder einer Professorin gibt, der auch eine disziplinarische Verfügung des Dekans provozieren und der gegebenenfalls zu rechtlichen Schritten führen könnte? Ein Beispiel hierfür könnte sein:

- Professorin X ist entschieden der Meinung, dass sie bei der Zuteilung von finanziellen Mitteln für ihre Forschungsprojekte benachteiligt wurde. Mehrere mündliche Interventionen beim Institutsleiter wurden zwar entgegengenommen, aber in der Sache änderte sich nichts. Nach einiger Zeit gelangt sie an den Dekan und beschwert sich schriftlich über den Institutsleiter.

---

[2]Für diese Art Gespräche, wo Vorgesetzte Teil des Konfliktes sind, haben Schienle und Steinborn (2019) Instrumente für die Praxis zusammengestellt.
[3]Wir verwenden in diesem *essential* für diese Rolle von Vorgesetzten nicht den Begriff Mediator/Mediatorin, weil dieser in der Regel für strukturierte Verfahren verwendet wird, die von außenstehenden Fachleuten durchgeführt werden, um so eine gerichtliche Auseinandersetzung zu vermeiden.

Entscheide über die Verwendung von finanziellen Mitteln sind substanziell und deshalb muss der Dekan in einer solchen Angelegenheit aktiv werden, insbesondere wenn sie die Form einer schriftlichen Beschwerde findet.

Für eine ziel- und lösungsorientierte Intervention in einem Konflikt, sollte man sich zwei wichtige Voraussetzungen klar machen:

- Die Vermittlung in einer Streitsache kann nicht zum Ziel haben, unter allen Umständen einen Kompromiss zu finden, der alle befriedigt. Übereinkünfte, die „um des lieben Friedens willen" geschlossen werden, sind meistens kurzlebig und einer guten Sachlösung nicht angemessen.
- Kritik und Konflikte haben nur vordergründig immer sachliche Inhalte. Man sollte nicht übersehen, dass wichtige Treiber in einem Streitfall immer auch emotionale Komponenten haben: Sei es, dass sich Personen übergangen und in ihrer Arbeit nicht wertgeschätzt fühlen, sei es, dass Vorgesetzte, zu Recht oder zu Unrecht, einzelne oder Gruppen von Hochschulangehörigen kritisiert und dadurch Ressentiments geweckt haben.

▶ Der Einstieg in eine Lösung des Konfliktes ist immer ein direktes Gespräch. Der Austausch von schriftlichen Argumentarien mit Replik und Duplik, heute meist via E-Mail, ist in jedem Fall zu vermeiden.

Einerseits verhindert die Schriftlichkeit das in dieser Phase wichtige Zuhören, und andererseits werden durch die E-Mail mit der Cc- und Bcc-Option immer mehr Personen in den Konflikt einbezogen, sodass innert kurzer Zeit ein hochschulinternes Spektakel mit vielen Zaungästen stattfindet.

Der Gesprächsführer – im skizzierten Beispiel der Dekan – muss in der Aussprache mit den Konfliktparteien den „Lead" zu übernehmen. Damit solche Gespräche gelingen können, sind einige Voraussetzung wichtig:

- Gespräche sind minutiös vorzubereiten und alle Fakten zu recherchieren. Zur Vorbereitung gehört auch, sich in die Situation der Gesprächspartner zu versetzen: Wie haben sie die Streitsache wahrgenommen? Von welchen Erwartungen gehen sie aus? Mit welcher Emotionalität werden sie zum Gespräch erscheinen? Es ist wichtig, sich diese Wahrnehmungen aller Beteiligten vollständig und „ohne Filter" zu vergegenwärtigen.
- In einem ersten Gespräch mit den Konfliktparteien geht es primär um „Zuhören": „Ich möchte besser verstehen, was Sache ist, was eure Positionen sind." Der Gesprächsführer gibt der Schilderung der Sachverhalte ausreichend Zeit und Raum, interveniert nur wenn offenkundig Unwahrheiten erzählt werden oder persönliche Angriffe stattfinden.

- Diskussionsvoten in Form von Ich-Botschaften helfen, das Gespräch sachlich zu gestalten.
- Es kann in einem schwierigen Gespräch hilfreich sein, dass der Gesprächsführer abgrenzt, welche möglichen Entwicklungen er unbedingt verhindern will. Beispiel: „Wir haben offensichtlich unterschiedliche Positionen bezüglich der Organisation des Instituts, aber das soll die wissenschaftliche Leistung in keiner Weise beeinträchtigen." Damit kann bezüglich dem Ziel Übereinstimmung hergestellt werden, nur der Weg dahin ist noch kontrovers.[4]

Falls eine bereits getroffene Entscheidung unwiderruflich feststeht, sollte man bei den Gesprächspartnern keine falschen Hoffnungen wecken, was nun geschehen wird. Man bringt Verständnis und Respekt gegenüber den vorgebrachten Argumenten zum Ausdruck, aber es bleibt beim bereits getroffenen Entscheid.

Ob und unter welchen Bedingungen Entscheide noch modifiziert oder verändert werden können, ist **vor** dem Gespräch gut zu erwägen! Ist eine Modifikation noch möglich, kann man ein nächstes Gespräch vereinbaren und nochmals alles in Ruhe analysieren. Es ist nicht empfehlenswert, gleich zum Schluss eines ersten Gesprächs einen Entscheid bekannt zu geben, selbst wenn es vordergründig offenkundig ist. Einerseits können immer noch neue Fakten auftauchen, die man im Verlaufe des Gespräches übersehen hat. Andererseits wäre es etwas unglaubwürdig, sofort und ohne weitere Prüfung auf Forderungen einzugehen.

Das Ziel des gesamten Vermittlungsprozesses muss es sein, eine größtmögliche Akzeptanz des endgültigen Entscheides bei den beteiligten Personen zu erzielen.

4.4 Konflikte abschließen

Es gibt keine Garantie, dass durch Gespräche mit den Konfliktparteien und ausführliche Anhörungen Konflikte definitiv bereinigt werden können. In Hochschulen mit ihrer ausgeprägten Diskussionskultur ist die Chance aber groß, dass echtes Zuhören und Austauschen von sachlichen Argumenten deeskalierend wirkt und ein gegenseitiges Verständnis geschaffen werden kann. Oder umgekehrt formuliert: Rechthaberei, gestützt allein auf die hierarchische Position von Vorgesetzten, wird jeden Konflikt zum Eskalieren bringen!

---

[4]Siehe dazu auch Glasl, F. (2017, S. 130 ff.). Glasl nennt diesen Aspekt den „Konsens über die unerwünschte Zukunft".

▶ Ein Konflikt abschließen muss nicht zwingend in einem Konsens enden. Auch mit einem gegenseitigen Verständnis im Sinne von: „Wir sind immer noch nicht einverstanden, aber wir kennen nun die Beweggründe des Dekanats, des Rektorats!" kann man einen Konflikt durchaus stehen lassen.

Falls es trotzdem zu juristischen Auseinandersetzungen in Form von Rekursen, Klagen, Aufsichtsbeschwerden etc. kommen sollte, sind *Protokolle über geführte Gespräche von großem Nutzen.* Man kann damit aufzeigen, dass die vorgesetzten Stellen einigen Aufwand betrieben haben, die Gegenposition zu verstehen. In einschlägigen Gesetzen und Reglementen gibt es oft die Norm des „rechtlichen Gehörs", welche den Beschwerdeführern gewährt werden muss. Eine protokollierte Anhörung ist somit sowohl unter dem Aspekt der einvernehmlichen Vermittlung als auch in rechtlicher Hinsicht wichtig.

4.5   Querdenker und Fehlverhalten

In jeder Organisation gibt es Menschen, die sich schwer in reglementierte Prozesse und Abläufe einordnen können. In Hochschulen gibt es eine generelle Abwehrhaltung gegenüber standardisierten Verfahren und Abläufe.

▶ Diese Grundstimmung begünstigt das Verhalten von Menschen, die sich „individualistisch" gebärden, immer wieder Ausnahmen einfordern und sich generell nicht an Vorgaben halten.

Negativ etikettiert werden sie als Querulanten ausgegrenzt, die Mitarbeitenden in der Hochschuladministration reagieren sensibel auf alle Aktionen der entsprechenden Personen, mit entsprechend gehässigen Gegenreaktionen in der Folge: Ein Nährboden für Konflikte!

Besonders herausfordernd sind solche Auseinandersetzungen, wenn es sich bei diesen besonders schwierigen Mitarbeitenden um Personen handelt, die im wissenschaftlichen Bereich sehr gute, vielleicht sogar exzellente Leistungen erbringen. Aus den Querulanten werden Querdenker, verkannte Genies, welche der Hochschule hohes Ansehen und Reputation verschaffen.

Konfliktprävention in solchen Fällen sollte sich auf zwei Bereiche konzentrieren:

- Besondere Mitarbeitende erfordern besondere Aufmerksamkeit. Widerstand und Proteste entstehen oder werden verstärkt durch das Gefühl des „schwierigen" Mitarbeitenden, in der Organisation keine Wertschätzung zu finden. Der Chef muss zeigen, dass er diese KollegenInnen wahrgenommen hat und um ihre fachliche Kompetenz weiß! Dies kann z. B. geschehen durch Kontakte informeller Art zwischen Vorgesetztem und Mitarbeitendem bei passenden Gelegenheiten (Fachgesprächen, Besuchen am Arbeitsplatz, Einbezug bei Besuchen durch Gäste, ausländische Delegationen etc.). Vorsicht ist geboten bei allen Formen schriftlicher Anerkennungsschreiben (z. B. Dienstaltersgeschenke, besondere Geburtstage, Gratulationen für Anerkennungspreise etc.), wenn solche Schreiben nach Vorlagen und auf Termin von der Personalabteilung verfasst werden und jegliche persönliche Note vermissen lassen.
- Standards und Regeln sind selbstverständlich von allen Hochschulangehörigen einzuhalten, auch von den so genannten „Genies". Gegebenenfalls braucht es ein erläuterndes Gespräch, warum dieser oder jener Ablauf genau so und nicht anders stattfinden soll. Dies scheint vordergründig ein unverhältnismäßig großer Aufwand zu sein, wenn dadurch aber ein Konflikt und damit viele Stunden für Vermittlungsgespräche vermieden werden können, rechtfertigt sich ein solches erläuterndes und klärendes Gespräch immer. Im Weiteren zeichnet sich gute Leadership auch dadurch aus, dass sie gegebenenfalls Ausnahmen toleriert. Es ist selbstverständlich, dass solche Ausnahmen äußerst sparsam eingesetzt werden sollen.

Neben der Beachtung der oben erwähnten Verhaltensweisen und der Vorsicht vor allfälligen „Stolpersteinen" wird die Führung von Mitarbeitenden dieses Typus nicht abgehen ohne gelegentliche Führungsgespräche, in denen der Vorgesetzte die gültigen Regeln anmahnt. Wie weit man Ausnahmen gewähren will, ist Ermessenssache und kann nur im Einzelfall beurteilt werden.

Zur Führungsverantwortung von Vorgesetzten gehört auch das *Einschreiten bei Fehlverhalten von Mitarbeitenden und Studierenden*. Dabei geht es nicht darum, Kleinigkeiten zu kritisieren, sondern Fehlverhalten anzusprechen, das schädliche Auswirkungen auf die Leistungserbringung oder die Zusammenarbeit hat und eben nicht toleriert werden kann – unabhängig davon, ob dies unbeabsichtigt oder mutwillig geschah. Vorgesetzte müssen in solchen Situationen ein *Führungsgespräch* führen, in dem es um die Klärung, Verbesserung oder Veränderung der Leistung oder des Verhaltens von Mitarbeitenden oder Studierenden geht.

▶ In solchen Gesprächen müssen keine hochschulspezifischen Besonderheiten berücksichtigt werden, denn sie unterscheiden sich nicht von
Führungsgesprächen in einem betrieblichen Alltag.

Folgende Fragen sollte man sich vor jedem Führungsgespräch stellen:

- Kann ich das Problem sachlich formulieren (mit Fakten und Unterlagen)?
- Bin ich mir im Klaren über die Dimension des zu besprechenden Problems?
- Welche Gefühle und Vorurteile sind bei mir und beim Mitarbeitenden vor-
handen?
- Was ist das Ziel des Gesprächs?
- Welches ist der richtige Zeitpunkt und der richtige Ort?

Bei der Einladung zu einem solchen Gespräch ist es sinnvoll, wenn Mitarbeitende
wissen, worum es geht, dann können sie sich auch vorbereiten. Mit einer guten
Vorbereitung beiderseits ist die Grundlage gelegt, dass schwierige Gespräche
in einer Atmosphäre stattfinden, in der Probleme offen miteinander besprochen
und gelöst werden können, also bevor ein Problem zu einem Konflikt wird. In
Alter (2019, S. 39 ff.) finden sich Leitfäden zur Durchführung solcher Führungsgespräche.

4.6   Besetzung von Führungspositionen

Im Hinblick auf die Konfliktprävention kommt der Selektion von Führungs-
kräften eine herausragende Bedeutung zu. Konflikte mögen institutionell bedingt
und getrieben sein, konkret ausgetragen werden sie aber immer von Menschen.
Mit unqualifizierter Führung werden an Hochschulen aus kleinsten Anlässen
unnötigerweise große und größte Konflikte entstehen, deren Schadensbegrenzung
viele Ressourcen kostet!

Offene Stellen, insbesondere Führungspositionen, werden und sollen an
Hochschulen grundsätzlich immer *öffentlich ausgeschrieben* werden. Unter
„öffentlich" kann dabei sowohl die interne Öffentlichkeit als auch die externe
Öffentlichkeit gemeint sein. Der Zweck der Öffentlichkeit einer Ausschreibung

ist einerseits die Transparenz und andererseits die möglichst breite Suche nach der geeignetsten Persönlichkeit.[5]

Die Details der Selektion der geeigneten Person für eine Führungsposition sind in aller Regel in der Hochschule präzise definiert und können unterschiedlich ausgestaltet sein: Es können Mitwirkungsrechte vorgesehen sein, oder diese auch explizit ausschließen, Vorgaben beinhalten bezüglich Alter, Gender und Diversity etc. Wichtig für die Konfliktprävention ist, dass die verantwortlichen Leitungsgremien in einem Selektionsprozess nicht ohne Begründung von diesen Regeln abweichen. Das gilt insbesondere im Zusammenhang mit den zwei großen, miteinander verknüpften Herausforderungen bezüglich der Besetzung von Führungspositionen:

- In Hochschulen gibt es oft nur wenige Mitarbeitende aus dem akademischen Bereich, die sich überhaupt für Vakanzen in Führungspositionen interessieren. Professorinnen und Professoren sehen ihre Laufbahnen primär in der wissenschaftlichen Weiterentwicklung, in der Lehre und Forschung, und nicht in einer Führungsfunktion. Das bedeutet, dass sich für Führungspositionen in Hochschulen oft nur sehr wenige Personen bewerben, im Extremfall überhaupt niemand.
- Die Wahrnehmung einer Führungsaufgabe setzt eine solide wissenschaftliche Verankerung voraus, aber auch ein Grundwissen und ein Minimum an Erfahrung in der Führung. Dieses Anforderungsprofil schränkt das Feld der möglichen Bewerber und Bewerberinnen stark ein.

Wie lassen sich diese beiden Herausforderungen bewältigen? Einerseits kann man *in den Selektionsprozess investieren*. Das heißt konkret, den Suchprozess genügend lange und in einem ausgedehnten Perimeter (zum Beispiel im Inland **und** im Ausland) lancieren. Durch die Berufung von externen und somit neuen Führungspersonen erhält die Hochschule interessante neue Impulse. Andererseits führt die ausgedehnte Suche nach qualifiziertem Führungspersonal auch dazu, dass sich die Hochschulen gegenseitig die qualifizierten Fachkräfte abwerben.

Es ist bezeichnend, dass sich in den vergangenen rund zehn Jahren auch vermehrt Personalvermittlungsfirmen auf dieses Geschäft konzentrieren und zum Teil eigentliches „Head Hunting" betreiben.

---

[5]In Ausnahmefällen wird es trotzdem zu Direktberufungen kommen, zum Beispiel wenn absehbar ist, dass eine Führungsposition in 2–3 Jahren aufgrund von organisatorischen Änderungen wegfallen wird, oder wenn sich im Bewerbungsverfahren keine oder wenig geeignete Personen finden lassen.

▶ Nachhaltig ist der systematische Aufbau und die Entwicklung von
Führungskompetenzen im Hochschulbereich. Dies geschieht zunehmend
in hochschulübergreifenden Weiterbildungsveranstaltungen. Bedeutung
erlangt aber auch die hochschulinterne Führungsschulung für Gruppen
von Wissenschaftlern, die in ihrer ersten Führungsposition stehen oder
dafür vorgesehen sind. Interne Führungsausbildung hat den zusätzlichen
Vorteil, dass sie eine Plattform für hochschulinterne Vernetzung und für
die Instruktion über interne Prozesse und Abläufe bieten.

4.7   Teamarbeit

Wir sprechen von einem Hochschulteam, wenn eine Gruppe von Hochschul-
angehörigen ein gemeinsames Ziel hat und deshalb zusammenarbeiten muss
(= Teamarbeit). In diesem Verständnis können Hochschulleitungen, Fakultäts-
leitungen, Institutsleitungen, Forschungs- und Projektgruppen etc. als Teams
betrachtet werden. Allerdings unterscheiden sich diese Teams z. T. sehr in ihren
Möglichkeiten, die Zusammenarbeit als Teamarbeit zu verstehen. Man spricht von
Leitungsgremien, wenn zwar eine Person die Leitung innehat, sie jedoch in einem
Gremium oder Leitungsorgan wahrnehmen muss. Diese Gremien arbeiten oft auf
der Grundlage von verbindlich vorgegebenen Statuten (z. B. Geschäftsordnung)
und sind in ihrer Selbstbestimmung – ein wesentliches Merkmal bei erfolg-
reicher Teamarbeit – eingeschränkt. Diese hochschulspezifischen Voraussetzungen
begünstigen eine Kultur der Eigeninteressen, die man häufig in politischen Gremien vorfindet. Nichtsdestotrotz haben auch diese Gremien gemeinsame Ziele
(z. B. Positionierung gegenüber anderen Hochschulen, Attraktivität für Studierende, Reputation), welche die Mitglieder zum Zusammenarbeiten zwingt. Auch
in solchen Gremien müssen deshalb einzelne Aspekte der Teamarbeit umgesetzt
und durch die Art der Führung ein Beitrag zur Konfliktprävention geleistet
werden.

Im beruflichen Alltag hat sich die Erkenntnis durchgesetzt hat, dass die Teamarbeit gegenüber der Summe von Einzelleistungen einen Mehrwert schafft. Teamarbeit ist heute ein zentraler Erfolgsfaktor in der Arbeitswelt. Obwohl klar ist,
dass z. B. Ergebnisse in der Hochschulforschung oder attraktive Lehrangebote
nicht einfach durch hervorragende Einzelleistungen zustande kommen, sondern
vielmehr durch das Zusammenspiel und die Leistung einer Gruppe, tut man sich
im Hochschulkontext auch dort schwer mit der Umsetzung von Teamarbeit, wo
mehr selbstständige Gestaltung möglich wäre. Dies hat mit den *Besonderheiten
von Hochschulteams* zu tun:

- Die Verantwortung bleibt immer bei der Leitung des Teams (Gremiums), denn diese ist gegenüber den übergeordneten Instanzen in der Pflicht. Die Struktur unterscheidet sich hier nicht von anderen hierarchischen Organisationen. Doch die Kultur ist eine andere: Erwartet wird nämlich eine nicht-autoritäre Führungskultur, die zum akademischen Diskursprinzip passt.
- Führungspersonen in Hochschulteams sind deshalb oft in einem Dilemma: Eine nicht-autoritäre Führungskultur in Teams braucht mehr Zeit, Vertrauen und Führungs-Knowhow, sie lässt oft die Leitung nach oben wie unten schwach erscheinen. Die Versuchung ist groß, mehr auf sich als auf das Team zu vertrauen.
- An der Spitze von Hochschulteams stehen oft Personen, die durch ihre Fachkompetenz, d. h. durch ihr Expertenwissen in die Leitung berufen wurden. Expertenwissen verleitet zu einer Geringschätzung von Team-Ergebnissen und befördert autoritäres Führungsverhalten.
- Hochschulteams sind interdisziplinär zusammengesetzt und bedingen einen anspruchsvollen Dialog über Fachbereiche hinweg.
- Hochschulteams sind interkulturell zusammengesetzt und stellen deshalb besondere Anforderungen an die Kommunikation und die Zusammenarbeit.

In *Forschungsteams* spielen noch zusätzliche Aspekte eine wichtige Rolle:

- Veröffentlichte Forschungsergebnisse sind personalisiert und müssen zur Reputation von Einzelpersonen beitragen.
- Die Mitarbeit in Forschungsteams hat immer mit Karriere zu tun, die durch Einzelleistungen gefördert wird.
- Wissenschaftliche Erkenntnisse und deren Publikation stehen immer auch unter Konkurrenzdruck. Konkurrenzdenken und Teamarbeit passen jedoch nicht zusammen.
- Die Zusammensetzung von Forschungsteams ändert sich oft durch notwendige Abgänge und Neuzuzüge.

Diese Besonderheiten sind ein Nährboden für Konflikte. Sie behindern zudem die Anwendung wichtiger erfolgsversprechender Aspekte in der Teamarbeit und der Teamführung, gleichzeitig erfordern sie ganz besonders gut ausgebildete Führungs- und Teamfähigkeiten (siehe dazu Lippmann et al. 2019, S. 423 ff.), um Konflikten vorzubeugen und mit ihnen umzugehen. Die Teamleitenden sind deshalb oft überfordert und greifen auf autoritäre Führungsmodelle zurück. Damit aber demotivieren sie Teammitglieder und begünstigen unterschwellige Konflikte, die bald einmal eskalieren werden.

▶ Hilfreich ist in dieser überfordernden Situation, wenn Teamleitende jenen Aspekten Aufmerksamkeit schenken, welche erfolgreiches Zusammenarbeiten in einem Team ermöglichen:

- *Sind die gemeinsamen und die individuellen Ziele klar und akzeptiert?* Wenn klar ist, was wer in welcher Zeit erreichen sollte, wird Orientierung geschaffen und damit Konflikten vorgebeugt.
- *Sind Rollen und Funktionen im Team geklärt?* Durch diese Klärung lassen sich Missverständnisse und Konflikte auf der Sachebene statt der Beziehungsebene diskutieren.
- *Haben wir Regeln der Zusammenarbeit?* Regeln helfen Konflikte vermeiden, weil damit die gegenseitigen Verhaltenserwartungen geklärt sind. Wenn solche Regeln gemeinsam festgelegt werden, sind sie für die Gruppenmitglieder verbindlicher.
- *Gibt es eine verbindliche gemeinsame Planung der Teamarbeit?* Schlechtes Zeitmanagement, Unklarheiten über Arbeitsschritte und Aufgaben und ungenügende Kommunikation zählen zu den häufigsten Konfliktursachen in Teams (insbesondere im Projektmanagement).
- *Evaluieren wir unsere Arbeitsprozesse und Zusammenarbeit?* Dadurch können aufgetretene Konflikte als sachliche Probleme angesprochen und notwendige Verbesserung eingeleitet werden.
- *Wie nimmt die Teamleitung ihre Hauptaufgaben wahr?* Dazu gehören Transparenz, die Gestaltung der notwendigen Kommunikationsprozesse, Ansprechbarkeit und Unterstützung bei auftretenden Problemen, Interesse bekunden an der Befindlichkeit der Teammitglieder, Kontrolle der vereinbarten Abmachungen und Vertrauen geben in einem klaren Rahmen. Nur in einem solchen Setting werden sich Teammitglieder voll engagieren und außerordentliche Leistungen einbringen.

Wir haben einleitend in diesem *essential* die Besonderheiten der Hochschulkultur beschrieben, die das Konfliktumfeld und damit verbundenen Erschwernisse in der Führung prägen. Einer der erwähnten Aspekte ist jedoch förderlich für die Teamarbeit: das *Bedürfnis nach Selbstständigkeit und Freiraum von Hochschulangehörigen.* Erfolgreiche Teams zeichnen sich nämlich immer auch dadurch aus, dass seine Mitglieder eigenständig denken und handeln. Leitungspersonen in Hochschulteams sind deshalb gut beraten, wenn sie sich dieses Autonomiebedürfnis immer wieder vor Augen halten und sich fragen:

- *Können sich die Teammitglieder mit ihrer eigenen Identität ins Team einbringen?* Identität hat damit zu tun, dass ich weiß, was ich kann, was mich von andern unterscheidet und wo ich dazu gehöre. Also: Ich weiß, wer ich in diesem Team bin und werde so auch akzeptiert.
- *Hat unser Team eine eigene Teamidentität?* Teamidentität beantwortet die Frage: An was glaubt das Team? Dem Team muss klar sein, warum es überhaupt gerade dieses Team gibt, ob es eine Vision in seiner Arbeit gibt und ob gemeinsame Werte gelebt werden. Dadurch wird im Team ein ‚Wir-Gefühl‘ geschaffen.

▶   Die Verbindung und Balance zwischen individueller Identität und Teamidentität sind für erfolgreiche Teamarbeit in Hochschulkulturen von großer Bedeutung, weil damit die notwendige Ein- und Unterordnung in ein Ganzes mit persönlichen Werten in Einklang gebracht wird.

Wege zur Gestaltung und Koexistenz dieser beiden Identitäten in Teams finden sich bei Alter (2019).

Sorgfältig gestaltete Teamarbeit ist Konfliktprävention, dies schließt jedoch *Konflikte in Teams* nicht aus. Sie können jederzeit auftreten: Es kommt zu persönlichen Unverträglichkeiten, zu Fraktionsbildungen in schwierigen Entscheidungssituationen, zu versteckten und offenen Angriffen auf die Leitung. Solche Konflikte sind nicht mehr hochschulspezifisch, sondern vergleichbar mit Teamkonflikten in allen Organisationen. Wenn Konflikte auftreten, ist der Teamleitende in seiner Führungsaufgabe gefordert. Er oder sie ist primär zuständig für die Lösung des Konflikts, denn letztlich fällt es auch auf ihn zurück, wenn sein/ihr Team erwartete Leistungen nicht mehr bringt. Teamleitende haben dann drei Möglichkeiten:

- Er/sie ignoriert den Konflikt. Dann wird es nur eine Frage der Zeit sein, bis der Konflikt eskaliert und die Zusammenarbeit aller tangiert.
- Er/sie sucht das Gespräch mit den einzelnen Konfliktparteien. Ein solches Vorgehen sollte transparent gemacht werden, sonst werden Teamleitende zu Geheimnisträgern und laufen Gefahr, Teil des Konfliktes zu werden.
- Er/sie spricht den Konflikt konkret an und sucht das gemeinsame Gespräch mit allen Konfliktparteien. Dies ist die erfolgversprechendste Variante. Auch dieses Vorgehen sollte im Team transparent gemacht werden. Dadurch wird eine Teamkultur gestaltet, in welcher offen über Konflikte miteinander gesprochen wird.

Wenn Teamleitende diese letzte Variante wählen, sind sie in der *Rolle des neutralen Vermittlers,* der ein sog. *Klärungsgespräch mit den Konfliktparteien* führt.[6] Schwieriger ist die Situation für Teamleitende, wenn sich bei anstehenden Entscheidungen Fraktionen gebildet haben, denn einerseits sind sie dann oft Teil des Konfliktes, anderseits ist dies ein Zeichen der Eskalation. Das muss Teamleitende jedoch nicht daran hindern, im Team einen *Klärungsprozess zu moderieren.* Hilfreich bei einer solchen Moderation sind ein Vorgehen nach den Prinzipien des Harvard-Verhandlungsmodells oder ein Vorgehen mit einem systemischen Ansatz.[7] Wenn Teamleitende selber das Ziel von Angriffen sind, können die Ausführungen im Abschn. 4.2 sachdienlich sein.

All diese unterstützenden Hinweise sind keine Erfolgsrezepte. Nicht für alle Konflikte im Team sind Teamleitende zuständig, und nicht alle Konflikte können gelöst werden. Grundsätzlich gilt:

- je stärker Teamleitende Teil eines Konfliktes sind, umso notwendiger ist der Beizug einer außenstehenden neutralen Drittpartei,
- je mehr ein Konflikt eskaliert ist, umso wichtiger ist eine außenstehende professionelle Konfliktberatung oder eine Mediation.[8]
- Es ist nicht negativ zu bewerten, sondern zeugt von Führungsstärke, in Konfliktsituationen Hilfe von außen zu holen.

▶ Teamleitende sind die wichtigen und richtigen Personen für die Lösung von Konflikten in Teams. Hochschulleitungen können hier wesentliche Unterstützung leisten, indem sie dem *Aufbau und der Entwicklung von Fähigkeiten zur Teamführung* Aufmerksamkeit schenken (z. B. durch hochschulspezifische Angebote in Teamführung, Projektmanagement, Coaching-Angebote für Teamverantwortliche, externe Begleitung von Teams in schwierigen Situationen).

---

[6]Klärungsgespräche (auch sog. Problemlösungsgespräche) haben folgendes Grundmuster: Sicht der Parteien, Dialog über verschiedene Sichtweisen und Ursachen (Konflikt verstehen), Lösungen erarbeiten, Abmachungen treffen (siehe dazu auch Alter 2019, Thomann 2011 und Abschn. 4.3).

[7]Das Harvard-Verhandlungskonzept geht nach folgenden Schritten vor: Interessen (statt Positionen) klären und gemeinsame Interessen benennen, Lösungen entwickeln, objektive und faire Kriterien für Lösungen suchen, optimalste Lösung gemäß Kriterien und Interessen bestimmen (vgl. dazu Fisher et al. 2015). Lanz (2016) zeigt, wie systemisches Denken in Teamkonflikten helfen kann.

[8]In Eskalationsmodell von Glasl (2013) wird ab 3./4. Eskalationsstufe der Beizug von Außenstehenden empfohlen.

Im deutschsprachigen Hochschulumfeld finden sich denn auch bereits spezifische Weiterbildungsangebote für die Führung von Hochschulteams (vgl. dazu auch Abschn. 4.6).

Kommunikation in Konfliktsituationen

Größere oder kleinere problematische Ereignisse können Anlass sein für Berichte in Zeitungen, Radio/TV, Online-Medien, zusätzlich befeuert via Social Medias. Beispiele für solche Ereignisse sind:

- Personalfälle: Einem Professor wird sexuelle Belästigung vorgeworfen. Anfängliche Verdachtsmomente erhärten sich, die Hochschulleitung muss handeln und spricht eine Kündigung aus.
- Entscheide der vorgesetzten Behörde: Der Hochschulrat entscheidet, den Hochschulstandort X zu schließen und sämtliche Aktivitäten der Hochschule in der Stadt Y zu konzentrieren.
- Altlasten: Aufgrund von Recherchen einer Zeitung wird bekannt, dass die Hochschule mit einer Firma zusammengearbeitet und dabei Systeme mitentwickelt hat, die als Kriegsmaterial gelten.

Alle genannten Beispiele gründen auf Konflikten (mit Personen, Behörden oder Partnerfirmen). Die Erfahrung zeigt, dass Konflikte an und im Zusammenhang mit Hochschulen für die mediale Öffentlichkeit interessant sind und zum Thema werden. Wichtig ist dabei die Erkenntnis, *dass man nicht nicht kommunizieren kann:* Auch wenn geschwiegen wird, wird auf diese Weise kommuniziert – allerdings in unklarer Weise, was Gerüchte und Mutmaßungen provoziert. Der Versuch, entsprechende Berichte zu ignorieren, geht dann meistens schief und schadet dem Ansehen. *Aus einem internen Konflikt wird rasch eine Krise.*[1]

---

[1]Merkmale einer Krise in Organisationen sind: Eskalation eines Konflikts, hohes Potenzial an Emotionalität, große öffentliche Aufmerksamkeit, Reputationsschaden (vgl. dazu Mast 2019, S. 471 ff.).

© Springer Fachmedien Wiesbaden GmbH, ein Teil von Springer Nature 2020
U. Alter und W. Inderbitzin, *Führung an Hochschulen in Konfliktsituationen,*
essentials, https://doi.org/10.1007/978-3-658-28528-9_5

Grundsätze und Regeln der Kommunikation in der Krise sind erforscht und bekannt (z. B. Mast 2019). Wir konzentrieren uns hier auf die hochschulspezifischen Besonderheiten der Kommunikation bei eskalierenden Konflikten und daraus entstehenden Krisen. Worin unterscheiden sich in solchen Situationen Hochschulen von Unternehmen?

- Hochschulen sind aufgrund ihrer wissenschaftlichen Arbeitsweisen zurückhaltender in Bezug auf Kommunikation. Man geht mit Fakten und Beurteilungen an die Öffentlichkeit, wenn sie abgesichert sind.
- Hochschulen sind sofort im Fokus der Öffentlichkeit, weil sie als Ausbildungs- und Forschungsstätten höchsten ethischen Standards genügen müssen – sei es, dass sie mit Steuergeldern, sei es, dass sie mit privaten Mitteln (Studiengebühren, Stiftungen) finanziert werden. Die Öffentlichkeit erwartet, dass sich Hochschulen immer vorbildlich verhalten!
- Die Stakeholder, zu denen Kommunikationsbeziehungen gepflegt werden müssen, haben z. T. große direkte Einflussmöglichkeiten: sei es über politische Kanäle (Hochschulräte, Parlamentarier) oder über die Kanäle der Social Medias (Studierende beherrschen diese Medien hervorragend).
- Die mediale Öffentlichkeit ist für Hochschulen von großer Bedeutung für die Akzeptanz und Verankerung in der Gesellschaft.
- Gleichzeitig sind die Mitarbeitenden und die Studierenden für die Reputation im Hochschulumfeld ebenfalls sehr wichtig.

Was ist zu tun in diesem besonders herausfordernden Umfeld?

Kommunikation nach innen und außen *gehört zu den zentralen Führungsaufgaben* in einer Organisation. Dies gilt ohne Einschränkung auch für Hochschulen, insbesondere in Konfliktsituationen. In größeren Hochschulen ist diese Aufgabe einer Kommunikationsabteilung übertragen. Oft kommunizieren die Kommunikationsbeauftragten bei öffentlich gewordenen Ereignissen zuerst, später und auf Druck hin auch Mitglieder der Hochschulleitung.

> ▶   Kommunikation in Krisensituationen ist *Chefsache!* Die Information für die (interne und externe) Öffentlichkeit kann nicht einfach delegiert oder einem Spin Doctor überlassen werden. Die Öffentlichkeit erwartet vielmehr, dass die obersten Verantwortlichen sichtbar sind und Auskunft geben.

Dies hat mit der Glaubwürdigkeit der Kommunikation zu tun. Sie muss ein Gesicht haben. Die verantwortlichen Führungskräfte müssen also selber wirkungsvoll informieren können und um die Regeln der Krisenkommunikation wissen und diese (mit Unterstützung der Kommunikationsabteilung) anwenden können.

In Krisensituationen ist *schnell festzulegen, wer* alles intern *kommuniziert* und wer ausschließlich den Medien Auskunft gibt. Kommunikation in Krisensituationen muss beruhigen, Gerüchte verhindern und klarstellen, Vertrauen aufbauen[2]. Dies erfordert in Hochschulen eine *offensive (und nicht nur reaktive) Kommunikation* seitens der Leitung:

- direkt Betroffene zuerst informieren,
- schnelle, inhaltsreiche, aber knappe Informationen sind wichtiger als vollständige Aussagen,
- Worten müssen Taten folgen: Sofortmaßnahmen, Hilfe für Betroffene, Untersuchungen,
- Auskunftsbereitschaft signalisieren und Zeitpunkt für nächste Information ankündigen,
- es wird nichts verschwiegen und es gibt kein No-comment ohne klare transparente Begründung.

Grundsätzlich gilt, dass *gegenüber Hochschulangehörigen die gleichen Informationen* abzugeben sind wie nach außen, am besten etwas früher, jedoch mindestens zeitgleich. Dabei sind zielgruppenspezifische Bedürfnisse zu berücksichtigen: Interne Zielgruppen erwarten detailliertere Informationen, diese müssen ihnen nicht nur per Internet, Mail, Aushänge gegeben werden, vielmehr muss in solchen Situationen *das direkte Gespräch* gesucht werden, wo auch Rückfragen möglich sind. Mitarbeitende und Studierende sind nämlich selber Kommunikatoren und können als Botschafter viel zu einem positiven Verlauf solcher Situationen beitragen.

▶ Die erfolgreiche Kommunikation mit der medialen Öffentlichkeit beginnt jedoch vor der Krise und wird nach der Krise weitergeführt. Dabei gilt grundsätzlich: Je aktiver Führungskräfte informieren, umso besser können sie die wichtigen und sachgerechten Informationen einer Thematik verständlich machen.

---

[2]Claudia Mast (2019, S. 471 ff.) setzt sich in ihrem Leitfaden zur Unternehmenskommuniktion ausführlich mit Krisensituationen auseinander.

Dies beinhaltet eine *langfristig angelegte Beziehungspflege zu JournalistInnen.* Regelmäßig sollten Kontakte zu Medienschaffenden aufgebaut und gepflegt werden, indem man über Entwicklungen an der Hochschule informiert. Zudem: Wenn man sich persönlich kennt, ist die Hemmschwelle aufseiten der JournalistInnen größer, einen raschen Frontalangriff auf die Hochschule oder einzelne Hochschulangehörige zu starten.

Einen professionellen Umgang mit Massenmedien und JournalistInnen können Hochschulangehörige schnell lernen, indem sie diese Aspekte ihrer Führungsaufgabe ernst nehmen, das Learning-by-Doing nutzen und ein *Medientraining besuchen,* wo sie neben dem konkreten Verhalten auch die gesetzlich verankerten Medienrechte kennenlernen (z. B. Persönlichkeitsrechte, Gegendarstellung). Zu den wichtigen Aspekten im Umgang mit Medien gehören:

Gespräche mit Journalistinnen und Journalisten

- Telefonische Anfragen werden häufig aufgezeichnet. Erkundigen Sie sich danach. Sie können eine direkte Verwendung untersagen (Recht auf eigenes Wort).
- Kein Gespräch führen – weder telefonisch noch direkt – ohne dass eine weitere Person protokolliert.
- Presse und Online-Medien sind eher bereit, konkrete Fragen oder Themenbereiche eines Gesprächs vorgängig per Mail zuzustellen.
- Sie haben das Recht, Interviews vor der Veröffentlichung zu lesen. Falls Aussagen nicht stimmen, korrigieren Sie diese Sätze.
- Wenn Aussagen von Ihnen in einem Bericht verwendet werden, verlangen Sie die Zusendung der wortwörtlichen Passagen/Zitate. Sie haben das Recht, Zitate zu autorisieren.
- Sie können Aussagen zurückziehen oder verlangen, dass ein Interview nicht abgedruckt wird. Seien Sie zurückhaltend damit, denn dies wird bekannt gemacht und als Schwäche ausgelegt.

Radio- und TV-Auftritte

- In der Regel werden die Fragen nicht zum voraus bekanntgegeben. Beharren Sie darauf, das Umfeld der Sendung, die Zielsetzung und die wichtigsten thematisierten Aspekte zu kennen.
- Wenn ein Gespräch nicht im Studio aufgenommen wird, haben Sie Einfluss auf die Aufnahmesituation. Wählen Sie eine Dialogsituation, in der Sie sich wohl fühlen.
- Achten Sie bei Aufnahmen nie auf die Technik, sondern stellen Sie sich ganz auf die GesprächspartnerIn ein wie in einem normalen Gespräch.

- Interviews, die nicht live sind, werden häufig geschnitten. Verlangen Sie, dass Sie darüber informiert werden, was geschnitten und was gesendet wird.
- Sie können die Ausstrahlung eines Interviews untersagen (Recht auf eigenes Wort/Bild).

Verständlich sprechen und gut wirken

- Orientieren Sie sich in Ihrer Sprechweise an der Alltagssprache und nicht an der Schreibsprache.
- Dies bedeutet: Geringe Informationsdichte dafür mehr Redundanz, allgemein verständlicher Wortschatz, Anschaulichkeit mit Beispielen, linearer Satzbau, vermehrte Zäsuren/Pausen so legen, dass man nicht leicht unterbrochen werden kann.
- Bild und Ton von Sprechenden bewirken eine Personalisierung der Botschaft. Das Erscheinungsbild (der emotionale Eindruck) beeinflusst die Wirkung auf ein Publikum stärker als eine verbale Aussage.
- Wählen Sie Kleider aus, in denen Sie sich wohl fühlen. Die Kleider sollten Ihrer Stellung und Funktion angemessen sein.

Öffentlichkeit wird heute in einem zunehmenden Maß durch *Social Medias* hergestellt. Die Nutzung des Internets für Kommunikation in Konflikt- und Krisensituationen ist dabei viel heikler als der Umgang mit den Massenmedien. Social Medias sind in solchen Situationen Brandbeschleuniger für Skandalisierungen, Emotionalisierungen und Fake News, Nutzung und Wirkung sind weitgehend unberechenbar und unkontrollierbar.[3] Man ist deshalb versucht, äußerste Zurückhaltung zu empfehlen – gleichzeitig aber müssen Hochschulen Social Medias nutzen, wenn sie wahrgenommen werden wollen. Wenn in Konflikt- und Krisensituationen eine unerwünschte Dynamik beruhigt werden soll, sind hier folgende Kommunikationsstrategien hilfreich:

- Handeln aufgrund von *Social Media Guidelines* (SMG)[4],
- *Gelassenheit* bewahren und nicht übereilt kommunizieren,

---

[3]Siehe dazu die treffende Analyse der Kommunikation in der Digital-Gesellschaft von Pörksen (2018).
[4]Auf dem Portal Wissenschaftskommunikation.de findet man hochschulspezifische Informationen zum Umgang mit Social Medias und Beispiele von Social-Media-Guidelines verschiedener Hochschulen: https://www.wissenschaftskommunikation.de/social-media-leitlinien-erstellen-3127/.

- *einen differenzierten Kommunikationsstil beibehalten* statt mit Emotionalität und Spontaneität reagieren,
- sich an eine *One-Voice-Policy* halten (einheitliche Sprachregelung und Zuständigkeit gegenüber allen Medien).

Führungskräfte, die bereits ihr eigenes Facebook- Instagram-, Twitter-Account etc. haben, sind gut beraten, wenn sie ihren Auftritt reflektieren und sich bei Kommunikationsbeauftragen informieren, wie sie am sinnvollsten Social Medias einsetzen oder ihren bereits bestehenden Auftritt professionalisieren.[5]

▶   Auch bei den Social Medias beginnt die Kommunikation mit der Öffentlichkeit vor der Krise, indem klare Vorstellungen über den Umgang damit entwickelt und umgesetzt wurden. Diese Kanäle sollten auf keinen Fall in Krisensituationen erprobt werden!

---

[5]Selbsthilfe mit einem guten Grundwissen vermittelt Frank Mühlenbeck mit einem e-book, das gratis heruntergeladen werden kann: https://www.transformieren.com/fuehrungs-kraefte-im-social-web-wie-entscheider-ihren-social-media-auftritt-meistern-ohne-ih-ren-business-alltag-zu-vernachlaessigen/. Auch im Leitfaden von Mast (2019) finden sich vereinzelte Hinweise zum Umgang mit Social Medias.

Was Sie aus diesem *essential* mitnehmen können

- Ein vertieftes Verständnis für die Besonderheiten und die Dynamik von Konflikten an Hochschulen hilft Ihnen, die Führung zielgerichtet auf einen konstruktiven Umgang mit Konflikten auszurichten.
- Sie kennen geeignete strukturelle Maßnahmen, welche als notwendige Rahmenbedingungen für eine erfolgreiche Konfliktprävention dienen können.
- Anhand von Beispielen erkennen Sie, wie wichtig Leadership in Konfliktsituationen ist und kontroverse Auseinandersetzungen zu einem konstruktiven Abschluss bringen kann.
- Sie werden mit wesentlichen Einzelheiten und Stolpersteinen in der personellen Führung vertraut gemacht und erhalten Hinweise zur Durchführung und zum erfolgreichen Abschluss von Gesprächen in Konfliktsituationen.
- Sie lernen die essenziellen Herausforderungen der Kommunikation in Krisensituationen kennen und erhalten Hinweise für den Umgang mit der Öffentlichkeit und den Medien.

© Springer Fachmedien Wiesbaden GmbH, ein Teil von Springer Nature 2020   51
U. Alter und W. Inderbitzin, *Führung an Hochschulen in Konfliktsituationen*,
essentials, https://doi.org/10.1007/978-3-658-28528-9

Literatur

Alter, U. (2018). *Grundlagen der Kommunikation für Führungskräfte. Mitarbeitende informieren und Führungsgespräche erfolgreich durchführen* (2. Aufl.). *essentials*. Wiesbaden: Springer Fachmedien.

Alter, U. (2019). *Teamidentität, Teamentwicklung und Führung. Wir-Gefühl am Arbeitsplatz ermöglichen – Das Potenzial des Teams nutzen* (2. Aufl.). *essentials*. Wiesbaden: Springer.

Faller, K. (2014). *Konfliktfest durch Systemdesign. Ein Handbuch für die Praxis der lernenden Organisation*. Stuttgart: Comcadora.

Fisher, R., Ury, W., & Patton, B. (2009). *Das Harvard-Konzept. Sachgerecht verhandeln – erfolgreich verhandeln* (23. Aufl.). Frankfurt: Campus.

Glasl, F. (2013). *Konfliktmanagement. Ein Handbuch für Führungskräfte, Beraterinnen und Berater* (11. Aufl.). Bern: Haupt, Freies Geistesleben.

Glasl, F. (2017). *Selbsthilfe in Konflikten – Konzepte, Übungen, Praktische Methoden* (8. Aufl.). Bern: Haupt, Freies Geistesleben.

Hiltscher, W. (2017). Konfliktbearbeitung an Universitäten. Mediation jenseits des Kanonischen. In Kriege-Schmidt, K. (Hrsg.). *Mediation als Wissenschaftszweig. Im Spannungsfeld zwischen Fachexpertise und Interdisziplinarität*. Wiesbaden: Springer Fachmedien

Hochmuth, C. (2014). Eine Analyse des Konfliktumfeldes Hochschule. *HSW, Hochschulforschung, 3,* 93–101.

Inderbitzin, W. (2018). *Führung in Hochschulen aktiv gestalten. Eine praxisorientierte Einführung für Leitungspersonen. essentials*. Wiesbaden: Springer Fachmedien.

Knobloch, T. (2012). Konfliktmanagementstrukturen. Grundlegendes zur Implementierung. *Spektrum der Mediation, 48,* 13–17.

Lanz, H. (2016). *Konfliktmanagement für Führungskräfte. Konflikte im Team erkennen und nachhaltig lösen. essentials*. Wiesbaden: Springer Fachmedien.

Lippmann, E., Pfister, A., & Jörg, U. (Hrsg.). (2019). *Handbuch Angewandte Psychologie für Führungskräfte* (5. Aufl.). Berlin: Springer.

Loprieno, A. (2016). *Die entzauberte Universität. Europäische Hochschulen zwischen lokaler Trägerschaft und globaler Wissenschaft*. Wien: Passagen.

Mäder, K., & Stäuble, E. (Hrsg.). (2018). *Wirken statt blockieren – Führung in Bildung und Schule*. Bern: Hogrefe.

Mast, C. (2019). *Unternehmenskommunikation* (7. Aufl.). München: UVK.

McCaffery, P. (2010). *The higher educations manager's handbook. Effective leadership and management in universities and colleges.* New York: Routledge.

Pellert, A. (1999). *Die Universität als Organisation – Die Kunst Experten zu managen.* Wien: Böhlau.

Pörksen, B. (2018). *Die große Gereiztheit. Wege aus der kollektiven Erregung.* München: Hanser.

Schienle, W., & Steinborn, A. (2019). *Psychologisches Konfliktmanagemet. Professionelles Handwerkszeug für Fach- und Führungskräfte* (2. Aufl.). *essentials.* Wiesbaden: Springer Fachmedien.

Thomann, C. (2014). *Klärungshilfe 2 – Konflikte im Beruf. Methoden und Modelle klärender Gespräche* (4. Aufl.). Hamburg: Rowolth Sachbuch.

Truniger, L. (Hrsg.). (2017). *Führen in Hochschulen.* Wiesbaden: Springer.

Vahs, D. (2009). *Organisation. Ein Lehr- und Managementbuch* (7. Aufl.). Stuttgart: Schäfer-Pöschel.

Walpuski, V., & Jessen, H. (2012). *Konfliktmanagement und Mediation an Hochschulen. Dokumentation des 2. Netzwerktreffens 23.9.2011.* Hannover: HIS-Dokumentation (12/2012).

Whitchurch, C. (2018). Shifting identities and blurring boundaries: The emergence of third space professionals in UK higher education. *Higher Education Quarterly, 62*(4), 377–396.

Wilkesman, U., & Schmid, C. J. (Hrsg.). (2012). *Hochschule als Organisation.* Springer Fachmedien: Wiesbaden.

}essentials{

Urs Alter

Teamidentität, Teamentwicklung und Führung

Wir-Gefühl am Arbeitsplatz
ermöglichen – das Potenzial
des Teams nutzen

2. Auflage

 Springer

Jetzt im Springer-Shop bestellen:
springer.com/978-3-658-22639-8

Printed in the United States
By Bookmasters